Verwarmen en verlichten in de negentiende eeuw

Verwarmen en verlichten in de negentiende eeuw

Meindert Stokroos

WALBURG PERS

Afbeelding frontispice: Oude man bij kolomkachel (August Allebé, 1863).

Deze uitgave kwam tot stand mede dankzij financiële steun van:
Prins Bernhard Cultuurfonds te Amsterdam
Stichting Dr. Hendrik Muller's Vaderlandsch Fonds te 's-Gravenhage
Bureau Monumentenzorg Amsterdam
Stichting Fonds A.H. Martens van Sevenhoven te Beesd
Stichting Mr. Dr. J.C. Overvoorde, in het belang der Monumentenzorg
te Zeist
Stichting Monumenten te Cuijk

Omslagontwerp: Rob Buschman BNO, Gees
Vormgeving binnenwerk: Koos de Vries, Zutphen

ISBN 90.5730.147.4
NUGI 641

Inhoud

Voorwoord

"'t Wordt kouder in mijn kamer; mijn kachel begint haar plicht te verzaken en aan de onderkant der vensterruiten groeien de ijsbloemen langzaam en stil omhoog."[1] Het moet qua wooncomfort wel een heel andere tijd zijn geweest, toen Justus van Maurik deze regels aan het papier toevertrouwde. Een kachel die elke morgen werd 'aangelegd' en voortdurend moest worden bijgehouden. Er kwam toen heel wat bij kijken om te voorkomen dat er ijsbloemen op de ruiten verschenen. Wij kennen ze niet meer.

Ook een opmerking over de 'gemakkelijke schakelbaarheid' van het elektrische licht doet in onze ogen gedateerd aan. In een tijd dat het branden en onderhouden van olie- en gaslampen veel aandacht vroegen, was het feit dat je het licht zo maar aan en uit kon doen een hele vooruitgang.

We kunnen het ons nauwelijks meer voorstellen dat er een tijd geweest is dat zaken in de sfeer van het alledaagse comfort kennelijk heel wat om het lijf hadden. Maar in de laatste twee eeuwen is er in dat opzicht heel wat veranderd. Het gebruik van kaarsen en natuurlijke oliën voor de verlichting maakte plaats voor lichtgas en petroleum en tenslotte kwam er elektriciteit. Technische verbeteringen aan de steeds maar uitgaande kachels betekenden in de tweede helft van de negentiende eeuw een hele stap vooruit. De eerste schreden op het terrein van centrale verwarming legden de grondslag voor een comfortabele verwarming zoals we die nu kennen.

Dit boekje staat stil bij een aantal van die ontwikkelingen die het leven een stuk aangenamer hebben gemaakt: verwarmen, ventileren en verlichten. Kortom, alles werd 'zo ingerigt om het huis gemakkelijk te maken'.[2] En dat ging met vallen en opstaan. Onderhavig boekje is het resultaat van een begrensd literatuuronderzoek en pretendeert niet meer te zijn dan een eerste kennismaking. Helaas heeft veel van het behandelde inmiddels weer het veld moeten ruimen, maar soms treffen we nog de relicten aan van onze eerste stappen op het pad van de installatietechniek.

Akersloot, december 2000

M.L. Stokroos

Plattebuiskachel of Brabantsche kachel.

Verwarming en ventilatie

'De asveeger'. Uit: Jan Luyken: Het leerzaam huisraad, 1711.

Haarden en kachels

Vanouds speelde het open vuur een belangrijke rol bij de verwarming van vertrekken. Als brandstof was hout en later vooral turf voorhanden, terwijl de rook van het vuur op primitieve wijze door een opening in het dak ontweek. Met de komst van het stenen huis kwam de schoorsteen, met de bijbehorende stookplaats en wijde rookafvoer, in zwang. Op de vloer van de stookplaats legde men stenen of een ijzeren vuurplaat met tegen de muur eventueel een ijzeren haardplaat. Het was een wijze van stoken waarbij hout of turf met een lange vlam verbrandde. Het nadeel van het open vuur, was dat de opgetaste brandstof gaandeweg in elkaar zakte en niet meer goed kon verbranden. Dit was te verhelpen door het vuur op een rooster – een vuurkorf – te laten branden: de open haard. Door een goede luchttoevoer brandde het vuur beter, ontstond er minder rook en kon men volstaan met een schoorsteenkanaal van geringere doorsnede. Het rooster maakte het mogelijk steenkolen te stoken die meer warmte afgaven dan hout en turf. Wegspattende vonken werden door een rooster tegengehouden. As werd aanvankelijk verzameld in een aspot onder de haardplaat, waartoe in deze een opening was uitgespaard. Met de komst van de open haard werd de as opgevangen in een aslade onder het rooster. Open vuur gaf een stralende warmte die men goed voelde door er vlak voor te zitten. De volkswijsheid 'een open vuur geeft warme schenen en een koude rug' illustreert treffend de gebrekkigheid van deze verwarming.[3] Het turfvuur kon zo gloeien 'dat wij bordpapieren beendeksels bezigden', vertelde Nagtglas over zijn Utrechtse kostschooltijd.[4] Een voordeel had de open haard: hij ventileerde voortreffelijk. 'Opene schoorsteenen leveren, bij het stoken, wel een goed zuiveringsmiddel der kamerlucht op, omdat zij, meer zuiging makende, telkens door reten en openingen zuivere buitenlucht in het vertrek lokken; doch zij bevorderen geene goede hitte', merkte de arts Pennink in 1828 op.[5] Ook zijn collega C.J. Nieuwenhuijs liet zich in het begin van de negentiende eeuw uit over de 'stookplaatsen' waarop de gewone man zijn potje kookte. 'Alhoewel door zulk een haardvuur maar weinig warmte in de kamer wordt te weeg gebragt, en de warmte slechts plaatse-

Interieur met gezin bij de open haard (Willem Buytewech, 1617).

lijk is, zoo is toch deze manier van stoken in velen opzigte voor de gezondheid dienstiger, dan de thans meer en meer in zwang komende verwarming door kagchels, met steenkolen bewerkt; omdat hierbij de schoorsteen zorgvuldig toegelegd, en slechts daarin eene opening voor de kagchel-pijp blijft, en alzoo de afwisseling der versche, en het opstijgen der bedorvene lucht, als ook der dampen, belemmerd wordt.' De kachel zou huid en longen verzwakken, maar het open vuur van de haard zou aanleiding geven tot allerlei oogkwalen als gevolg van het langdurig staren in het vuur. De beste manier van stoken bestond volgens Nieuwenhuijs 'in de, thans bij de voornamere klasse der Inwoners in mode komende, kagchel-haardjes, welke de voordelen van eenen haard tevens met die der kagchels vereenigen, zonder in beider nadeelen te

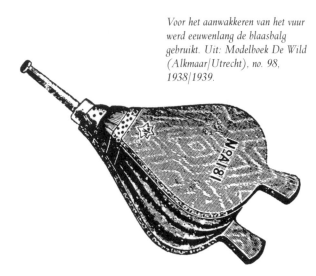

deelen'. En het vuur onderhouden was kennelijk mannenwerk, als we Nieuwenhuijs mogen geloven. 'De Amsterdamsche vrouwen vergenoegen zich meestal, met de verwarming van een vuurstoofje, en laten, bij afwezendheid der mannen, zelfs bij de strengste koude, geen vuur aanleggen.'[6] Nieuwenhuijs signaleerde hier de opkomst van een nieuwe manier van verwarmen: de ijzeren kachel. Dat wil niet zeggen dat de kachel pas uit het begin van de negentiende eeuw stamt. In de zeventiende eeuw is er al sprake van

'Turf is vaderlandsche brand; stook toch niet te veel. Van den grond, waarop gy woont, is de Turf een deel.' Uit: Vaderlandsch A.B boek voor de Nederlandsche jeugd, 1781.

'Engelsche haard'. Uit: De Volkvlijt, 1865.

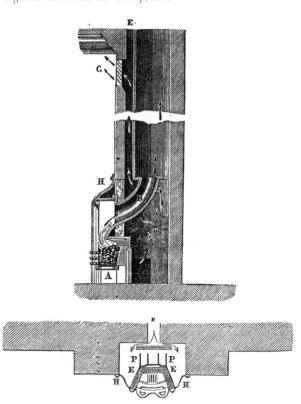

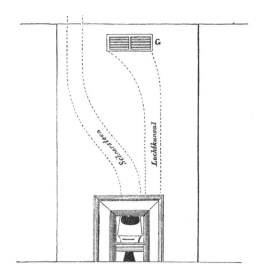

Aanzicht van een 'Engelsche haard' met schoorsteen en luchtkanaal. Uit: De Volksvlijt, 1865.

Een plek in de haard zou nog lange tijd een veel voorkomend verschijnsel blijven op het platteland.

kachels. Bekend is bijvoorbeeld de toepassing bij de verwarming van kassen en oranjerieën maar ook in woonhuizen werden ze toegepast zoals blijkt uit bewaard gebleven boedelbeschrijvingen. Het ging hierbij om doosvormige gietijzeren kachels die uit Duitsland werden geïmporteerd. In de achttiende eeuw nam het gebruik van kachels niet noemenswaardig toe. Dat zou echter in het begin van de negentiende eeuw veranderen.[7] Maar toch bleef de open haard als bron van verwarming – ondanks de komst van andere verwarmingssystemen – tot op de dag van vandaag in gebruik. Het vlammenspel geeft gezelligheid; vandaar dat velen open haarden als bijverwarming gebruiken. Een gezelligheid die in de negentiende eeuw zeer zeker niet voor de laagst betaalden op hun eenkamerwoningen zal hebben gegolden!

De open haard, die aanvankelijk dus gold als een 'meer der gezondheid bevorderlijke soort', stond aan het begin van een hele ontwikkeling. De traditionele open haardplaats, met daarboven een grote rookkap, werd vanaf het einde van de Gouden Eeuw in de duurdere interieurs langzamerhand vervangen door de veel lagere schoorsteenmantel. Bood voorheen de open haardplaats in principe zoveel ruimte om erin te zitten, met de komst van de veel kleinere schoorsteenmantel in stedelijke gebieden werd de ruimte voor het stoken teruggebracht tot een relatief klein stookgat. Van nu af aan kon men alleen voor de haardplaats zitten. Het stookgat was van binnen bekleed met grote gietijzeren platen die warmte opnamen en deze, na het doven van het vuur, nog enige tijd aan de kamer konden afgeven. Voor een goed functionerende stookinrichting was een goed trekkende schoorsteen van groot belang. Deze trek wordt veroorzaakt door heersende temperatuursverschillen en de over de schoor-

steen strijkende wind. Bij warm weer zal de schoorsteen bijvoorbeeld slecht trekken. Verder zijn doorsnede, gesteldheid van de binnenbekleding en de richting van het schoorsteenkanaal van belang. Om zoveel mogelijk profijt te hebben van de wind, steekt de schoorsteen uit boven omliggende daken. Het is logisch dat een lek in de schoorsteen funeste gevolgen heeft voor de trek.[8]

In het navolgende zullen we nader kennis maken met een aantal kachels en haarden die in de negentiende en in het begin van de vorige eeuw in gebruik waren. Bij de benamingen van de kachels en haarden valt direct het gebrek aan eenduidigheid op. De ene keer had de naam te maken met de uitvinder, het land of plaats van herkomst. Dan weer legde men het accent op functionele aspecten als vullen, circuleren of ventileren. Er waren dan ook talrijke benamingen in omloop

Gietijzeren kachels in oranjerie. Uit: Jan Commelin: Nederlandse Hesperides, 1676.

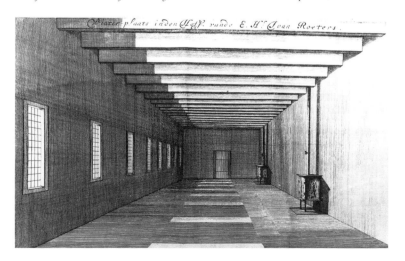

Kachel met 'kleppen' in het Teylers Fundatiehuis te Haarlem. Door verschillende kleppen te plaatsen kon men het vuur temperen. Om het wegspatten van vonken te voorkomen, was een gazen exemplaar beschikbaar.

die vaak ook nog regionaal verschilden. In de eerste helft van de negentiende eeuw komen we allerlei benamingen tegen die betrekking hebben op deze haarden. Zo maakte Pennink gewag van 'Dordsche, Brusselsche en Engelsche haarden' of 'Franklins' en 'oeils de boeuf'.[9] Een blik in de catalogi van ijzergieterijen en kachelfabrikanten maakt het beeld er niet duidelijker op. Voor ons, gewend aan centrale verwarming, gaat het onderscheid meestal niet verder dan potkachel of haard. Ook begrippen als kachel en haard zijn niet voor iedereen duidelijk. Een kachel is in principe een stookinrichting die in de ruimte staat en met een lange pijp in verbinding staat met de schoorsteen. Heeft de stookinrichting een zodanige vorm dat deze in de schoorsteenmantelholte kan worden geplaatst of er pal voor kan staan, dan spreken we van een haard.[10]

De kachelhaard

In 1816 memoreerde Nieuwenhuijs, zoals we zagen, het in de mode komen van 'kagchel-haardjes'. Het ging hier om stookinrichtingen die het midden hielden tussen een gesloten en een open stookinrichting.

Eenvoudig gezegd: een stookinrichting die aan een kant open was en waarin op een rooster een vuur werd gebrand. Deze haard kon zowel in het stookgat worden geplaatst – men spreekt dan van 'insluithaarden' – als direct voor het stookgat worden geplaatst. In het laatste geval bleef men gewoon spreken van een 'open haard'.

De ruimte boven de vuurkorf kon met een 'groote klep' worden afgesloten, waardoor alle lucht alleen door het 'hekje' werd aangezogen. Een manier om meer greep te krijgen op het stookproces. Deze haarden met klep hadden dus al iets van een gesloten stookinrichting, zij het dat daartoe de open voorkant afgesloten moest worden. De constructie had volgens W.M. Logeman wel tot gevolg dat de warmte nauwelijks gelegenheid kreeg om over te gaan op het ijzer, maar rechtstreeks de schoorsteen in ging.[11] Gedurende de gehele negentiende eeuw zien we in de vertrekken van de gegoeden deze haarden met hun zo karakteristieke 'groote klep'. Uitgaande van de behoefte het rendement te vergroten, treffen we vaak circulatiesystemen aan in deze haarden; vandaar dat men op een bepaald moment ook sprak van een 'circulatiehaard'. Binnenin bevond zich dan een circulatiekast met pijpen, waardoor de kamerlucht van beneden naar boven kon circuleren. De verwarming bracht dus gelijktijdig een luchtcirculatie op gang waartoe in het vertrek een meer gelijkmatiger warmte werd bewerkstelligd. Deze haardjes werden met hout of turf gestookt. In de havensteden was in het begin van de negentiende eeuw de gewoonte ontstaan om met steenkool te stoken 'wat sommige oude lieden deed zeggen, dat als er land moest verbrand worden, het beter was vreemden

'Kolomkachel', aanzicht en doorsnede met weg van verbrandingsgassen. Uit: W.M. Logeman: Kachels, 1853.

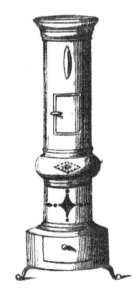
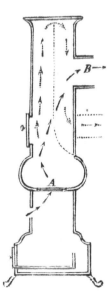

Kolomkachel.

'Circuleerkachel'

grond dan eigen bodem tot asch te maken'.[12] Met de komst van de gasfabrieken werd ook dankbaar gebruik gemaakt van cokes, die als restproduct beschikbaar kwam. Toch moet het nog vaak een koude bedoening zijn geweest. Alvorens de stoelen rond de tafel aan te schuiven, werden 'even zoo vele stoven met gloeijende kolen, die als vurige oogen in het donker glinsteren, onder de tafel geplaatst'.[13]

Er bestaat over het algemeen weinig specifieke informatie over de haarden die dokter Pennink noemde in 1828. Uitzondering daarop vormt de 'Franklin', vernoemd naar de Amerikaanse staatsman Benjamin Franklin (1706-1790), waar we wat beter over geïnformeerd worden. Het betrof een uit rond 1740 daterende vinding van een stookinrichting die de aantrekkelijkheid van het open vuur trachtte te combineren met betere warmteafgifte, door achter het vuur een kanalensysteem aan te brengen waar buitenlucht door meanderde en waardoor meer warmte van het vuur benut kon worden.[14] Rond 1850 werd het landhuis 'Lindenheuvel' bij Haarlem nog met 'Franklinhaarden' ingericht.[15]

Er waren natuurlijk meer stookinrichtingen dan de 'kagchel-haardjes'. In een opsomming uit rond 1860 komen we de volgende tegen: 'kanonkaghels, doorzigtige of hermitage-kagchels, mantelkagchels en russische of zweedse kagchels'.[16] We zullen een aantal typen in het kort de revue laten passeren.

De kolomkachel

De kolomkachel – ook wel kanonkachel genoemd – was een type dat vooral in de eerste helft van de negentiende eeuw veel in gebruik was. Het waren ronde giet- of plaatijzeren cilinders op poten met onder in een rooster waarop het vuur brandde. De warmteafgifte was in sterke mate afhankelijk van de hoeveel-

'Circuleerkachel', aanzicht en doorsnede met weg van verbrandingsgassen. Uit: W.M. Logeman: Kachels, 1853.

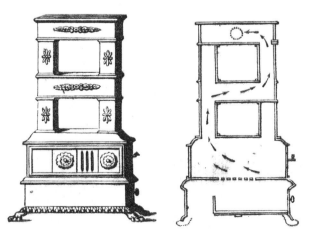

13

heid brandstof. In korte tijd werd de omgeving verwarmd, maar na het doven van het vuur koelde het in
het vertrek snel af. Voortdurend bijvullen – of verlengen van de cilinder ten behoeve van meer brandstof –
was dus noodzaak, wilde men de ruimte op temperatuur houden. Ook het gloeiend worden van de ijzeren
mantel was nadelig in verband met het verbranden
van stofdeeltjes die een kwalijke geur verspreidden.
Het stookproces kon enigszins worden beïnvloed door
een zich onder het rooster bevindende aslade te openen of te sluiten. In de praktijk waren het dus kachels
die men voortdurend moest opstoken, die moeilijk
waren te regelen en verhoudingsgewijs veel brandstof
nodig hadden. Om zoveel mogelijk van de warmte te
kunnen profiteren, werden vaak lange rookafvoerpij-
pen gebruikt. Om de weg van de rookgassen in de
kachel te verlengen en daardoor de warmteafgifte te
vergroten, werd wel een zogenaamde 'tong' aangebracht. Poken werd niet onder in de kachel gedaan,
maar halverwege door een pookgat.[17] 'De pijpen verte-
ren of roesten spoedig, omdat bij de afkoeling van de
vuurlucht een waterachtig vocht neêrslaat, dat bij
houtvuur zuur en bij steenkolen ammoniakzouten
bevat.'[18]

De circuleerkachel

Een bijzondere verschijning, door zijn hoekige vormen, was wat Logeman de gietijzeren 'circuleerkachel'
noemde, waarbij de rookgassen door een doolhofach-
tige structuur naar de schoorsteen worden gevoerd.
De naam moet niet al te letterlijk worden genomen,
want de warme lucht circuleerde niet in de kamer.

Model wiegje

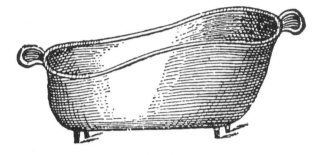

Model schuitje

*Talrijke gieterijen leverden gietijzeren kolenbakken voor het in voorraad
houden van kolen. Uit: Modelboek De Wild (Alkmaar/Utrecht), no. 98,
1938/1939.*

Circuleren had hier betrekking op de weg die de rookgassen aflegden. Zij gingen door voor de 'zuinige
kachels bij uitnemendheid'. Door de weerstand in de
rookgangen was het wel gewenst te beschikken over
een goed trekkende schoorsteen. De kachel moest in
verband hiermee bij voorkeur met hout of turf gestookt worden. Verder duurde het – door de grote
massa ijzer – vrij lang voordat de kachel echt door-
trok.[19]

De potkachel

De 'potkachel' is een benaming die we tegenwoordig
bij wijze van spreken voor elke oude kachel gebruiken.
De benaming verwijst eigenlijk naar de gietijzeren kachelpot die in zo'n kachel werd gebruikt. Vanouds bestond deze gesloten stookinrichting uit een plaatijzeren romp waar een bolvormige kachelpot onderdeel
van uitmaakte. Onder in de pot lag een rooster waarop
het vuur werd gestookt. Men koos de bolvorm om een
grote vuurruimte en een flink warmteafgevend oppervlak te krijgen. Door de kachel goed te stoken, werd
de buitenwand snel roodgloeiend. Dit had tot gevolg
dat de stof die op de bolvormige vuurpot viel, verbrandde, waardoor een onaangename geur in het vertrek ontstond. Men klaagde over de zogenaamde 'ij-
zerlucht der kachels'.[20]

*Inzending van de IJzergieterij Van der Horst & Aberson te Keppel op de Nationale
Tentoonstelling te Arnhem, 1879. Onder de inzendingen bevonden zich vele kachelpotten,
ovendeuren en turfbakken.*

De porseleinen kachel

De porseleinen kachel kwam vooral in Duitsland en Rusland voor. Ook in Nederland waren er enige bedrijven die deze 'kachelovens' leverden. Bekende namen in dit verband waren terracottafabrikanten als Martin & Co te Zeist, Westerouen van Meteren te Utrecht en Twiss & Co te Arnhem. Het waren stookinrichtingen die uit deels geglazuurde, vuurvaste elementen ter plekke werden opgebouwd. Een kachel die in onderdelen, in houten kisten verpakt, arriveerde en eventueel op dezelfde wijze verhuisd kon worden. De rookgassen doorliepen verschillende kanalen, waarbij warmte werd overgedragen aan de stenen. Ze werden na opstoken weliswaar langzaam warm, maar hadden als groot voordeel dat ze de warmte na het doven van het vuur nog lang vasthielden. De warmte was behaaglijk. In Nederland niet zozeer een kachel voor de alledaagse woonvertrekken, maar ideaal voor grote ruimten.[21] Er moet bij worden gezegd dat deze kachels in ons land, met sterk wisselende temperaturen, niet vlug genoeg waren te regelen. Het waren deze 'Duitsche aarden of porseleinen kamerovens, die de gezondste warmte verschaffen; vooral diegene, welke van buiten gewarmd en gestookt worden'.[22]

De plattebuiskachel of Brabantsche kachel

Op een kachel kon men in principe wel koken, maar het nadeel was dat men slechts één pan kon verwarmen. Dat werd opgelost door de rookmond van de kachel aan te sluiten op een zogenaamd kookkastje, waarop ruimte was voor meerdere pannen. Via het kookkastje bereikten de rookgassen de schoorsteen.

Porseleinen kachel in het pand Herengracht 280-282 te Amsterdam.

Door kachel en kookkastje te combineren, verkreeg men de alom bekende plattebuiskachel die nog lang in Brabant en Limburg in gebruik is geweest. De stookinrichting is op te vatten als een potkachel waarop een kookkast is gemaakt. De diverse kookgaten kon men met kachelringen verkleinen, al naar gelang de doorsnede van de pannen. Feitelijk was een plattebuiskachel een fornuis, zij het in een eenvoudiger uitvoering.[23] De vuurpot bevond zich direct onder de kookkast. Halverwege de kolom zat een luchtschuif annex pookgat van waaruit het rooster kon worden schoongemaakt. In de brede voet werd in een lade de as verzameld. Onder de verticale kachelpijp werd, in verband met de benodigde stabiliteit, de kookkast ondersteund. Aan weerszijden van de kookkast liepen stangen, waarop keukenlinnen gedroogd kon worden.

Een gebarsten gietijzeren kachel werd met kachelkit gerepareerd.

Binnenemmers voor 'hekjeskachels'. Uit: Modelboek De Wild (Alkmaar/Utrecht), no. 98, 1938/1939.

De 'Vierkante Vulkachel' en de 'Iris' haard van E.M. Jaarsma te Hilversum. Modellen uit de periode 1900-1910.

Stoken gaf veel asoverlast. De geopende deurtjes van de 'hekjeskachel' geven zicht op de plaatijzeren 'emmer' waarin het vuur brandde.

Uit het voorgaande blijkt wel dat er aan kachels en haarden wel het nodige viel te verbeteren. Voortdurend bijvullen was nodig en 's morgens moest hij, na goed schoongemaakt te zijn, opnieuw worden aangelegd. Na het doven van het vuur verloor hij al snel het verwarmend vermogen. Door van binnen een voering met vuurvaste chamottesteen aan te brengen, werd de warmte beter vastgehouden. Verder verdwenen veel rookgassen direct in de schoorsteen. Circulatie van de rookgassen vergrootte de warmteafgifte. Ook de brandstoftoevoer kon worden verbeterd. Die werd direct op het vuur gestort, waardoor al snel vergassing van de boven het vuur liggende voorraad – onvolledige verbranding – optrad. Introductie van de vultrechter maakte het mogelijk dat de brandstof gedoseerd op het vuur kon zakken. De reguleerbaarheid werd verbeterd door het temperen van de zuurstoftoevoer naar de brandhaard. Dit moest bij voorkeur niet in de vorm van een klep met pijpsleutel in de kachelpijp: koolmonoxidevergiftiging was dan een mogelijk gevolg.

De warmte werd niet altijd als prettig ervaren. Zo werd bij gietijzeren kachels de warmte direct op de omgeving overgedragen. Om aan dit probleem tegemoet te komen, werd om de kachel een plaatijzeren mantel neergezet. Omdat deze op pootjes stond, kreeg men een luchtbeweging die er voor zorgde dat men de warmte in de ruimte behaaglijker ging ervaren. De tekortkomingen van bestaande stookinrichtingen leidden er dus toe, dat nieuwe typen op de markt kwamen, waarvan we een aantal zullen behandelen.

De mantelkachel
De positieve ervaringen met een losse mantel rond de kachel leidden ertoe dat deze werd voorzien van een vaste ijzeren mantel, die boven en onder open was en circulatie mogelijk maakte: de mantelkachel. De verwarmde lucht verliet de kachel aan de bovenkant, waardoor beneden te verwarmen lucht toe kon stromen. Door de mantel open te werken, ontstond de doorzichtige of hermitagekachel. Deze kachels werden ook wel hekjeskachels of calorifères genoemd. Binnenin stond een 'emmer' waarin werd gestookt, waaromheen een opengewerkte mantel: het hekje. Voor turf of hout werd een plaatijzeren exemplaar gebruikt; voor kolen die meer warmte afgaven een gietijzeren.[24] Stof zou minder makkelijk schroeien tegen de gloeiende vuurpot. De term 'calorifère' zullen we nog tegenkomen als warmtebron onder in de kelder ten behoeve van de luchtverwarming. Veel van deze kachels waren afkomstig uit België of Frankrijk.

De salamanderkachel
Om het accumulerend vermogen van de kachel te verhogen, werd binnenin een bekleding van vuurvaste

'Hekjeskachel' of 'calorifère', rond model. Uit: Modelboek De Wild (Alkmaar/Utrecht), no. 98, 1938/1939.

steen aangebracht. Een voorbeeld daarvan was de succesvolle salamanderkachel die haar naam ontleende aan het Franse merk La Salamandre. Op tal van kachels was overigens een draak afgebeeld. Bekend was het opschrift op de kachel: 'je brûle tout l'hiver sans m'éteindre'. De ouderwetse salamander had geen aslade, waardoor de as onder het rooster bleef liggen en eruit geschept moest worden. Het was een allesbrander: turf, hout, kolen, cokes, briketten. De Luikse kachel was een variant op de salamander, met als groot verschil dat deze kachel geen onderdeur had, doch alleen een aslade. De bovenvuldeur was voorzien van micaruitjes, waardoor het vuur was te zien. Een andere variant op de salamanderkachel was de Ierse kachel, die vierkant was. Het geëmailleerde oppervlak was geribd om de warmteafgifte te vergroten.[25] Een bekende fabrikant van salamanders was de Godin fabriek te Guise in Frankrijk. Een in 1846 opgerichte onderneming die sinds 1855 actief was op de Nederlandse markt. J.B.A. Godin, maakte furore met zijn gietijzeren kachels. Hij was het die zich realiseerde dat het

Reguleervulkachels: de kamervulkachel, de kazernekachel en de Sturm's vulreguleermantelkachel. Uit: B.H. Thomas: Centrale verwarming en luchtverversching, 1902.

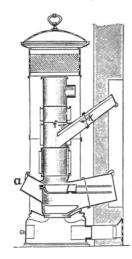
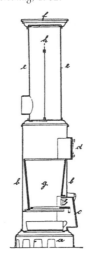
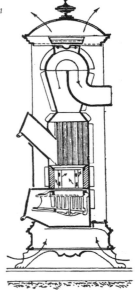

noodzakelijk was kleinere fornuizen en kachels voor de werkende klasse te vervaardigen. Het salamandertje is dan ook een zeer populaire kachel geweest, die tot na de Tweede Wereldoorlog werd verkocht.

De vul-reguleerkachel
De kachels waren dus snel door hun brandstofvoorraad heen. De eerste kachel met meer ruimte voor brandstofberging werd in het begin van de zeventiger jaren door het Eisenwerk Kaiserslautern op de markt gebracht en, naar zijn uitvinder, de Meidingerkachel genoemd. Hiermee beschikte men over een stookin-

Aan het einde van de 19e eeuw was een ruim assortiment kachels en haarden verkrijgbaar. Uit: A. Winkler Prins, Geïllustreerde Encyclopaedie, 1886.

Plattebuiskachel in de Fraeylemaborg te Slochteren. In de afvoer is een tempeerinrichting opgenomen.

richting die voor een hele dag brandstof kon opnemen en dus aan veel ongerief een einde maakte. Van binnen veelal met vuurvaste steen bekleed, betekende dat de kachel niet meer roodgloeiend werd en een plezierige warmte gaf. Nadeel bleef wel dat de brandstof boven de vuurzone vergaste. Een probleem dat definitief werd opgelost door de introductie van een kachel met vultrechter, waarin de brandstofvoorraad naar behoefte in de vuurzone zakte.[26] Het ging hier om een wijziging die een grote verbetering betekende op stookgebied: de vul-reguleerkachel. Het was een onderafbrander en dat hield in dat op deze kachels niet

meer gekookt kon worden. Dat was geen probleem: iemand die zich een dergelijke monumentale kachel kon veroorloven, had in zijn keuken zeer beslist een fornuis. De Meidinger, die in het begin van de tachtiger jaren in Nederland in gebruik kwam, bleek geen succes te zijn. De kachel zou 'een benauwde lucht' veroorzaken.[27] De Amerikaanse vulkachel, kortweg 'de Amerikaan' genoemd, was een kachel die alleen voor antraciet gebruikt kon worden. Het was een vinding van de Amerikaan E. Nott, die vanaf rond 1830 patenten verwierf op een met vuurvaste tegels beklede onderbrandkachel. Via een vulschacht kwam de brand-

Porseleinen kachel in de Fraeylemaborg te Slochteren.

stof terecht in een uit ijzeren staven bestaand, korfvormig rooster. De luchtaanvoer gebeurde door een schuif die onder de aslade zat. Wanneer de kachel net was aangelegd, ging de rook rechtstreeks naar de kachelpijp. Wanneer het vuur goed brandde, werden de rookgassen door een kanaal in het onderste gedeelte van de kachel gevoerd en daarna naar de schoorsteen. Om deze omloop te bereiken, werd een klep omgezet. De Amerikanen konden weken lang blijven branden. De kachels bezaten micaruitjes, waardoor men het vuur kon zien.[28] De firma Becht & Dyserinck aan de Amsterdamse Stadhouderskade speelde in het midden

van de zeventiger jaren in op de toenemende belangstelling voor de stookinrichtingen 'volgens het Amerikaanse stelsel'. Na een zending uit Amerika ontvangen te hebben, startte men een eigen productielijn.[29] De productie betekende voor de onderneming een aanzienlijke verbetering van de marktpositie. Aanvankelijk waren de nieuwe modellen alleen bereikbaar voor 'koopers met groote beurs'. Handwerk en kunstsmeedwerk waren nu eenmaal kostbaar, maar door eenvoudiger modellen uit te brengen, werden naast 'particulieren' op den duur ook 'handelaren en magazijnhouders' bediend.[30]

Tot ver in de vorige eeuw was de met vuurvaste steen beklede salamander een vertrouwd beeld in de kamer. De afwezigheid van een aslade leverde 's morgens met het uithalen veel stof op.

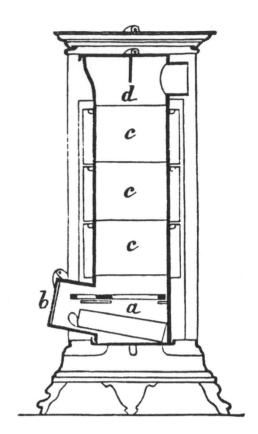

De Meidingerkachel die door professor Meidinger werd geconstrueerd op verzoek van kapitein Koldewey voor de tweede Duitse Noordpoolexpeditie (1870). Uit: B.H. Thomas: Centrale verwarming en luchtverversching, 1902.

Voorbeeld van een 'Amerikaansche kachel'. Uit: R.H. Saltet: Voordrachten over gezondheidsleer, 1913.

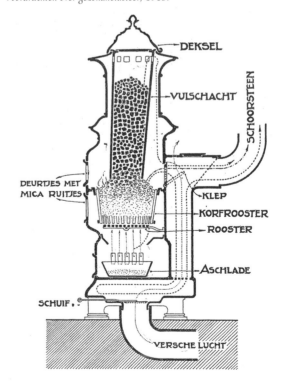

Afgezien van de porseleinen kachels — waartoe enkele gespecialiseerde bedrijven werkzaam waren — werden veel kachels vanouds door plaatselijke kachelsmeden gemaakt. De smid betrok zijn onderdelen van een gieterij en maakte naar eigen inzichten een kachel. Menig particulier zal zich daarbij hebben laten leiden door de inzichten van de smid. Een overheid daarentegen, legde haar wensenpakket middels een bestek op tafel. Zo werden in 1873 door de gemeente Leiden acht kachels aanbesteed voor een school. In het bijbehorende bestek werd precies aangegeven welke maatvoering en materiaalgebruik voor de verschillende onderdelen in acht moesten worden genomen. Het te gebruiken plaatijzer moest zijn van 'gladde Engelsche kwaliteit, zonder gebreken'. Het geheel moest geolied, gepotlood en zwart gelakt worden 'naar den aard der delen waartoe het behoort'.[31] Het doel van potloden, is het ijzerwerk zwart en glimmend te maken. De basis van het poetsmiddel bestaat uit grafiet.

In de loop van de negentiende eeuw deed uiteraard ook de fabrieksmatige productie zijn intrede. Soms waren daarbij kachelmakers betrokken, die het zo goed ging, dat hun nering uitgroeide tot een compleet bedrijf. Individuele kachelmakers hebben tot voor de Tweede Wereldoorlog een bestaansgrond gehad, hoewel de gespecialiseerde kachelfabrieken hun ambachtelijk aandeel steeds verder teruggedrongen door kant en klare kachels en haarden op de markt te brengen. Een aantal fabrieken zal nu aan de orde komen.

De ijzergieterij De Prins van Oranje te 's-Gravenhage

In 1840 werd in Den Haag door Albertus Sterkman de ijzergieterij de Prins van Oranje opgericht. De oprichter stamde uit een geslacht van smeden die goed bekend waren met het maken van kachels en haarden. Door het bedrijf uit te breiden met een ijzergieterij, werd het ambachtelijke bedrijf in een moderne onderneming omgezet.[32] Sterkman had in 1834 een octrooi voor tien jaar gekregen op zijn uitvinding van 'eene nieuwe bezuinigingskagchel, met warmte buizen en circuleerpijpen'. Zijn aanvraag ging vergezeld van een tekening met toelichting. In de kachel bevond zich 'eene ijzere gegoten stoking of nieuwe vorm van vuurpot waarop twee buizen geplaatst zijn komende op iedere buis een dubbele elleboog lopende met pijpen onder in de vergaarbak, waarvan de middelpijp weder naar boven regt opgaat, waar aan een buis gemaakt is om de pijp aan te brengen die in de schoorsteen gaat'.

Winkelpui van de firma A. Zwennes aan de Brouwersgracht 5 te 's-Gravenhage. De bovenpui is geheel bekleed met marmerglazen reclameplaten.

De rookgassen werden dus via twee pijpen naar een achter de vuurhaard gelegen 'vergaarbak' gevoerd, van waaruit deze door een pijp naar de schoorsteen werden afgevoerd. Om het ventileren te bevorderen, werden aan de zijkanten van de kachel en bovenop 'trek- of luchtgaten' gemaakt, die regelbaar waren. De vuur-

Voor ruitjes in kachels en haarden werd gebruik gemaakt van het dunne mica dat keurig verpakt in de handel werd gebracht. Uit: Modelboek De Wild (Alkmaar/Utrecht), no. 98, 1938/1939.

Voor goed onderhoud van de ijzeren kachels en fornuizen werd kachelpotlood gebruikt. Uit: Modelboek De Wild (Alkmaar/Utrecht), no. 98, 1938/1939.

'Geoctroijeerde bezuinigings kagchel' in de Fraeylemaborg te Slochteren.

pot was eivormig en stond al met weinig vuur snel 'in vollen gloed'.[33] Het concept werd in de loop der jaren verder ontwikkeld en in 1842 vroeg Sterkman een nieuw octrooi aan. Zijn verbetering had met name betrekking op de vergroting van de vuurpot. De rookgassen werden niet meer naar beneden geleid, maar naar boven 'doordien den kagchel nu van onderen bijna geheel open is waardoor de koude lucht word opgenomen, verwarmd en in correspondentie met de grootere opening boven op de kagchel gemaakt de warmte in meerdere mate doet uitkomen en zich in een gelijkmatige graad door het geheele vertrek verspreid'. De grotere afmetingen van de vuurpot zouden het volgens Sterkman mogelijk maken, dat behalve steenkool ook hout of turf gestookt kon worden.[34] De vinding van Sterkman was kennelijk een succes, want in 1849 werd een proces gevoerd omdat een concurrent ermee aan de haal was gegaan.[35]

Een blik in de catalogusbladen die de onderneming uitgaf, laat zien dat Sterkman zeer beslist tot de gerenommeerde kachelfabrikanten behoorde en dat die fraaie modellen op de markt heeft gebracht. De bladen zijn illustratief voor de ingewikkelde nomenclatuur van die tijd: 'circuleerhaarden, geoctrooijeerde bezuinigingskagchels, engelsche hotairstoven, engelsche haarden, maastrichtse haarden, en paneelkagchels'. Bij vele kachels ging het om exemplaren waarvan het buitenwerk uit plaatijzer bestond. Bij de samenstelling werd daarbij ter versteviging in bekapping en basement gebruik gemaakt van gestampte plaatijzeren elementen. Het geheel werd verlevendigd door gietijze-

Banderol van de ovale kachel met de naam 'Sterkman' in de Fraeylemaborg te Slochteren.

Ovale kachel van Sterkman in de Fraeylemaborg te Slochteren.

ren ornamenten. Naast de gietijzeren vuurpotten werden de vuurhaarden ook opgebouwd uit losse gietijzeren platen, die bijeengehouden werden door een smeedijzeren omhulsel.

Te oordelen naar hun inzendingen op de nationale nijverheidstentoonstellingen, ging het hierbij vaak om producten die vaak alleen al vanwege hun prijs veroorloofd konden worden door de welgestelde mensen. Zo kwam Sterkman in 1849 met open haarden in rocaillestijl die in prijzen varieerden van *f* 110,– tot *f* 140,–. De vierkante kachels moesten *f* 84,– tot *f* 94,– opbrengen.[36]

De ijzergieterij Asselbergs te Bergen op Zoom

Een van de gieterijen die aanvankelijk zowel kachels als onderdelen daarvoor maakte, was Asselbergs in Bergen op Zoom. In 1841 kregen de heren Van der Hoeven en Asselbergs vergunning van Burgemeester en Wethouders om een smederij op te richten. Het was een tijd dat in de stad turf en kolen plaats maakten

voor antraciet. In het zuiden was de plattebuiskachel een veel gevraagd artikel. Uit België werden gietstukken als kachelpotten, roosters, ornamentwerk en fornuisplaten betrokken voor de fabricage van plaatijzeren kachels. Al snel werden twaalf kachels geleverd voor de kazernes ter plaatse. Juist de ervaringen die Arnoldus Asselbergs bij onze zuiderburen opdeed, leidde ertoe dat in 1847 aan Gedeputeerde Staten van Noord-Brabant een verzoek werd gericht om een ijzergieterij te mogen beginnen. Om de Hollanders de kneepjes van het vak bij te brengen, werd in 1850 een Waalse ijzergieter ingehuurd die tot 1872 werkzaam bleef. Een keur aan artikelen werd gevoerd, zoals lantaarnpalen, hekken, machineonderdelen, kruizen en beelden. De specialiteit bleef echter ornamentwerk voor de versiering van kachels. De zaken ontwikkelden zich voorspoedig en in 1865 werd een nieuwe gieterij in gebruik genomen. Kachelonderdelen vonden in grote getale hun weg naar de kachelsmeden. In het begin van de negentiger jaren begonnen de van plaatijzer gemaakte kachels in toenemende mate concur-

De fabriek De Prins van Oranje te 's-Gravenhage. Uit: Nederlandsch Magazijn, 1862.

Voorbeelden van 'Engelsche haarden' en kachels. Uit: catalogus van de Prins van Oranje, plaat 80, z.j.

rentie te ondervinden van de uit Amerika geïmporteerde vulkachels en kachels met vuurvaste bekleding, welke geheel van gietijzer gemaakt werden. Asselbergs sprong hierop in door zelf dergelijke kachels te gaan maken: een verruiming van het arbeidsveld. De periode waarin geen enkele kachel precies hetzelfde was, leek voorbij toen men kachels in serie ging vervaardigen. De consument stelde zijn wensen door te eisen dat vele onderdelen vernikkeld werden uitgevoerd. In 1896 werden daarom een fijnslijperij en een galvaniseerinrichting geopend. De plaatijzeren kachel verdween echter niet uit de collectie en kachelornamenten bleven een gewild artikel. Het bleef niet bij vernikkelen alleen; het publiek ontdekte de vrolijke

kleuren van email. Er werd een emailleerderij ingericht. Om het teruglopende aandeel van de plaatijzeren kachels het hoofd te bieden, werd een grotendeels uit gietijzer bestaande insluithaard op de markt gebracht die niet vóór de schouw maar daarin werd geplaatst. De drukke motieven van de traditionele gietijzeren haard maakten langzamerhand plaats voor strakkere lijnen. De keuze tussen of met kachels door gaan of zichzelf te beperken tot halffabrikaten, diende zich aan. Men besloot rond 1910 te kiezen voor het laatste.[37] Uit het begin van de vorige eeuw dateert een fabriekscatalogus waarin veel ornamentwerk voor kachels voorkomt. Hoewel hierin geen eindfabrikaten voorkomen, bood het bedrijf wel volledige bouwpakketten aan voor 'ovale en vierkante salonkachels'. Het bevatte alle benodigde gietstukken voor een kachel. Met het benodigde plaatijzer kon de kachelsmid dan bijvoorbeeld een 'Johanna 1, - 2, plat, - verlengd of nieuw model' in elkaar zetten. Naast de 'Johanna'-lijn

Voorbeelden van 'geoctroijeerde bezuinigings kagchels met dubbele verwarmingsbuizen'. Uit: catalogus van de Prins van Oranje, plaat 12, z.j.

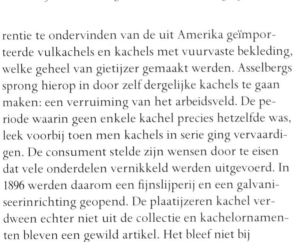

Voorbeelden van 'circuleerhaarden'. Uit: catalogus van de Prins van Oranje, plaat 40, z.j.

Tekening behorend bij het octrooi van Sterkman uit 1834, betreffende de nieuwe 'bezuinigingskagchel'.

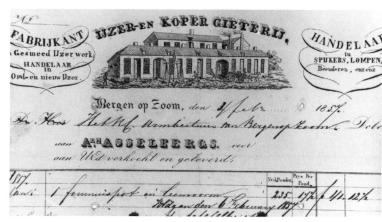

De ijzer- en kopergieterij van Asselbergs omstreeks het midden van de 19e eeuw.

voerde Asselbergs ook nog de 'Wilhelmina', de 'Hollandia', de 'Salonhaard' en de 'Alice'.[38]

De kachelfabriek Alphonse Degon te Leiden

Van de kachelfabriek van A.T. Degon, aan de Lange gracht 190 te Leiden, is een uit 1887 daterende catalogus met fornuizen, haarden en kachels bewaard gebleven. De lezer werd daarin meteen gewaarschuwd voor ongeoorloofde praktijken: 'Daar vele Fournuizen uit het buitenland afkomstig, als DEGON-Fournuizen verkocht worden, gelieve men zich ten stelligste hiervan te overtuigen.' Het getoonde assortiment omvatte naast 14 basistypen 'kookfournuizen', ook cilinderkachels, open haarden, haarden en zogenaamde 'basisbranders'. De fornuizen hadden het uiterlijk van een rechthoekige ijzeren kast op poten en werden voor koken gebruikt. Sommige modellen waren voorzien van een braad- of bakoven. Voor de warmwatervoorziening kon een grote waterketel worden ingebouwd.

Een uit 1842 daterend kachelontwerp van Asselbergs voor de gemeente Bergen op Zoom.

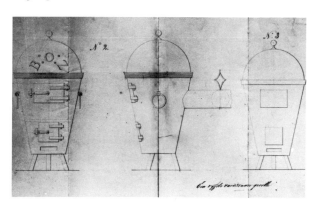

Kookfornuis nr. 6A was een verhoogd model: 'Dezelve zijn speciaal vervaardigd voor streken waar volgens gewoonte de pannen, potten en ketels groote zakken hebben.' Onder 'basisbranders' zijn de reeds genoemde Amerikaanse kachels opgenomen.[39] Bij de aanschaf

Onderdelen voor de 'Wilhelmina 1' (nr. 3275-3294), de 'Wilhelmina verlengd' (nr. 3295-3310) en de 'Salonhaard 12' (nr. 3311-3333). Uit: Ornament-album der ijzergieterij Arnoldus Asselbergs & Zonen, Bergen op Zoom, folio 99, z.j

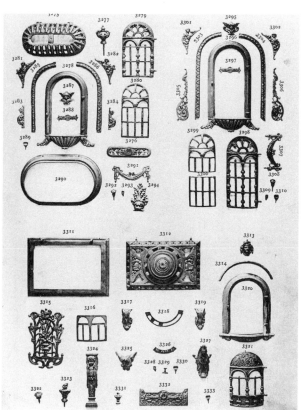

'Electra No. 1. Voor groote kamers. Vuurvast gelakt, prijs ƒ 35,–' Uit: 'Catalogus van fournuizen, haarden en kachels, van Alphonse Degon', Leiden, 1887.

van een fornuis was het gewenst erop te letten dat er geen wijde pijp aan zat. Een nauwe pijp deed de kachel veel beter trekken. Om meer profijt van de verbrandingsgassen te hebben, circuleerden deze in het fornuis alvorens de schoorsteen te bereiken. 'Zeer dikwijls bevindt zich in zoo'n fornuis een afdeeling met een kraantje, waarin men dan steeds warm water kan hebben, wat voor de keukenmeid een groot gerief is.' Er bestonden geslagen en gegoten fornuizen. De gegoten exemplaren brandden weliswaar minder snel door, maar waren gevoeliger voor breuk.[40] Er bestonden op hygiënische gronden bezwaren tegen de 'kookkagchels en keukenfornuizen'. De hoeveelheid warmte die het grote metaaloppervlak uitstraalde, 'bederft den dampkring van het vertrek of van de keuken in hooge mate'. Voegt men daarbij de onaangename lucht die bij het afkoken van vele bladgroenten ontstaat, of bij het uitbraden van spek en vet, en de massa waterdamp die bij het bereiden der spijzen ontstaat, dan kan men lichtelijk beseffen, dat het economisch voordeel niet opweegt tegen het nadeel. Daarbij kwam nog, dat in vele woonvertrekken van de 'arbeidende klasse' de brede schoorsteenmantels weg werden gebroken en vervangen door een gat voor de pijp in de schoorsteen, hetgeen de ventilatie bepaald niet bevorderde.[41] De schrijfster Clare Lennart herinnerde zich het oude keukenfornuis uit haar kindertijd nog goed. 'Alles aan dat fornuis blonk. Het ijzer had een blauwachtige glans door het vele schuren, de koperen knoppen en richels, de stang die het omringde, het koperen waterreservoir waaruit je altijd warm water kon tappen, gaven aan het geheel iets feestelijks.'[42]

'Kookfournuis No. 6, A. Verhoogd model'. Uit: 'Catalogus van fournuizen, haarden en kachels, van Alphonse Degon', Leiden, 1887.

Vulhaard van Jan Jaarsma. Uit: Bouwkundige Weekblad, 1903.

Jan Jaarsma's haardenfabriek te 's-Gravenhage

Vlak aan de rand van Duinoord werd rond 1895 de haardenfabriek van de firma Jan Jaarsma geopend. Een beroemde fabriek. De haard van Jaarsma 'is niet alleen een fraai meubel, kunstig van vorm en bewerking, een sieraad voor elk vertrek, hij is ook een schrander gevonden verwarmingsmachine'. Aan de wieg van dit alles stond de 'artistieke chef' van de tekenkamer die tekeningen maakte, waarnaar het model van de haard werd gemaakt. Een secuur werk, omdat men bij dit werk altijd rekening moest houden met de optredende krimp van de gegoten onderdelen. De gietstukken werden van elders betrokken en op de fabriek afgeslepen en gepolijst. 'Als papier worden de ijzeren platen er geknipt, in stukken, in reepen, precies op maat. Een hap van het machinemonster en ze zijn er af. Tusschen andere machtige machinekaken worden ze gebogen, verwrongen en gekromd.' Veel zorg werd besteed aan het lakken van de onderdelen. In Nederland zou men steeds meer de voorkeur geven aan de producten van Jaarsma 'boven de slecht geëmailleerde, snel versleten producten van inheemsche nijverheid'. Het was dan ook een omvangrijk procédé. Tweemaal werden de onderdelen geolied en gemoffeld, waarna ze

Een van de werkplaatsen van Jan Jaarsma's Haardenfabriek. Foto 1913.

nogmaals werden gelakt en gemoffeld. Dat lakken werd niet met de kwast gedaan, maar met een 'vernuftig bedacht toestel': spuiten dus. Tot slot werden alle onderdelen gemonteerd. Potentiële kopers werden in 1913 met een auto van het station gehaald om de showroom te kunnen bekijken.[43]

Uit de catalogus van Von Raesfeld de Both & Co, IJzergieterij en Emailleerfabrieken 'Vulcaansoord' uit Terborg, blijkt dat er, naast complete kachels en haarden, voor zelfbouw losse onderdelen verkrijgbaar waren. Het waren naast ornamentwerk vooral gietijzeren 'kachelpotten' die in allerlei hoedanigheden werden aangeboden. In de kachelpot werd het vuur gestookt en

Kachelpotten en kachelringen. Uit: Compleet modelboek van Von Raesfeld de Both & Co, IJzergieterij & Emailleerfabrieken 'Vulcaansoord', Terborg, z.j.

Kolomkachels. Uit: Compleet Modelboek van Von Raesfeld de Both & Co, IJzergieterij & Emailleerfabrieken 'Vulcaansoord', Terborg, z.j.

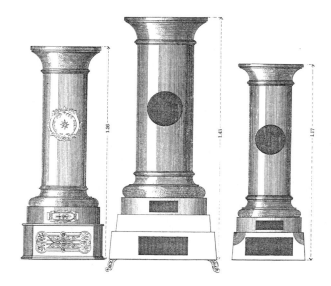

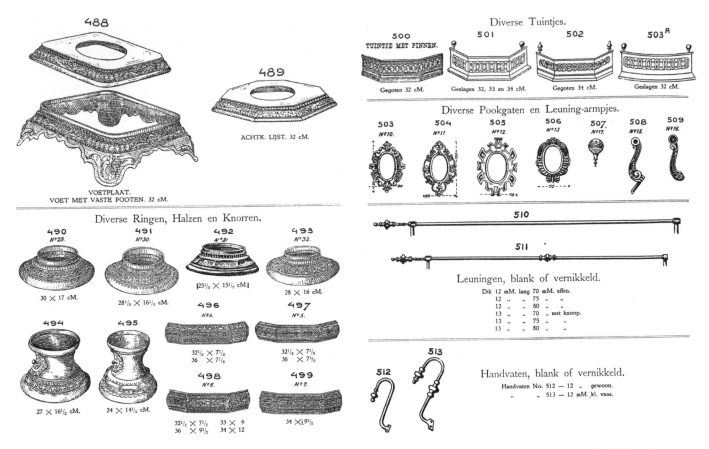

Tot voor de Tweede Wereldoorlog waren losse onderdelen voor de plattebuiskachel in de handel verkrijgbaar. Uit: Catalogus voor onderdeelen voor kachels, haarden, fornuizen, veevoederketels, enz. Firma G.H. Van Gijn Sr., Amsterdam, 1924.

moest als zodanig solide – dus in gietijzer – worden uitgevoerd. Het aantal kachelmodellen was zeer ruim: Bergsche, Brabantsche, Geribde, Gewone, enz. Opmerkelijk waren de gietijzeren 'bekpotten' die voorzien waren van aangegoten vlamleidingen. De bekpot vormde een vitaal onderdeel van een keukenfornuis. En wat dat laatste betreft: de kachelsmid had de keuze uit tientallen 'kastfornuisplaten': de bovenkanten voor de keukenfornuizen.[44]

Aan het einde van de 19e eeuw kwamen de waardering voor gietijzer en de daarmee samenhangende vormentaal onder druk te staan. Strakkere vormen kwamen in de mode. In het exterieur van de kachel werd meer plaatmateriaal gebruikt en constructieve onderdelen gingen functioneren als versiering.

De komst van de nieuwe modellen betekende geenszins dat de oude, vertrouwde modellen tot het verleden behoorden, al was het alleen al door hun lange levensduur. De 'Catalogus van onderdelen voor kachels, haarden, fornuizen' van de firma G.H. van Gijn Sr. uit Amsterdam van vlak na de Eerste Wereldoorlog, biedt daaromtrent een aardig overzicht. Het assortiment verschilde in grote lijnen niet van wat al in de negentiende eeuw werd aangeboden.[45]

De brandstoffen

Door een toenemend gebrek aan hout als brandstof, begon men reeds in de late Middeleeuwen met het winnen van turf. In de Gouden Eeuw betrok men in het westen van ons land turf uit de directe omgeving in de vorm van baggerturf. Het gevolg van deze grootscheepse winning, was dat aanzienlijke veenplassen ontstonden, met alle gevolgen van dien. Bekend is de winning in Drenthe en Oost-Groningen, waar het hoog gelegen veen door compagnieën werd geëxploi-

Kwitantie voor de regenten van het Suikerhofje te Amsterdam. Jaarlijks werden 45.000 turven verstookt.

teerd. Turf brandde met een lange vlam en produceerde veel as. Veen is dus lange tijd de brandstof geweest waarvan men zich bediende. In de 18e eeuw werd door de rijken op bescheiden wijze gebruik gemaakt van elders ingevoerde steenkolen. Door het ontbreken van een passende infrastructuur, waren het vooral de havensteden die hiervan konden profiteren. Het ging aanvankelijk om gasrijke kool die oorspronkelijk in open vuren werden gestookt. Met de komst van de vele gasfabrieken verscheen de cokes. Pas aan het einde van de negentiende eeuw kwam de eerste antraciet, kool met het laagste gehalte aan gas, uit Wales op de Nederlandse markt. Gascokes bleek op den duur niet te bevallen, omdat de kachels er teveel van te lijden hadden en de brandstof bovendien niet geschikt was om het vuur dag en nacht te laten branden. De Wales-antraciet werd verdrongen door die uit België en Duitsland, waar rond 1907 de Limburgse antraciet bij kwam.[46]

De vormgeving

In onze ogen doen de negentiende eeuwse haarden en kachels vaak pompeus aan. Ook onder onze voorouders waren er die, nog afgezien van de technische kwaliteiten, zo hun bedenkingen hadden. In het voorjaar van 1886 werden door het Nederlandsch Handelsmuseum te Amsterdam een wedstrijd en een tentoonstelling uitgeschreven omtrent 'verwarmings- en verlichtingstoestellen'. De instelling was ooit in de wereld geroepen om de Nederlandse handel te bevorderen en 'den fabrikant voortdurend te wapenen voor de concurrentie'.[47] In het najaar werden in het gebouw Keizersgracht 133 de expositie geopend en de inzendingen beoordeeld. Het was voor de jury geen onverdeeld succes. 'Dat onze smeden bijzondere vorderingen in de schoonheidsleer gemaakt hebben, durven wij, naar hetgeen wij hier van verwarmingstoestellen zagen, niet beweren. Slechts zeer enkele inzendingen missen de banaliteit, die het werk onzer smeden zoo vaak ongenietbaar maakt; (....) Zoo ziet men kachels in....

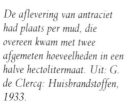

De aflevering van antraciet had plaats per mud, die overeen kwam met twee afgemeten hoeveelheden in een halve hectolitermaat. Uit: G. de Clercq: Huisbrandstoffen, 1933.

Turf; eeuwenlang de huisbrandstof.

buffetvorm, kachels met gegoten-ijzeren ornement, dat werkelijk geen de minste kunstwaarde heeft, en meer abnormaliteiten.' Op de technische uitvoering viel weinig aan te merken. De wed. P. Sterkman & Zn uit Den Haag en Becht & Dyserinck uit Amsterdam vielen in de prijzen in de categorie salonhaarden en kachels in de prijsklasse van ten hoogste *f* 150,–. De afdeling had in esthetisch opzicht niet veel te bieden volgens de jury: 'men vindt de gebruikelijke modellen, met de gewone Duitsche gietornementen overladen. Het beter geteekend en zuiverder gegoten Belgische ornement is uitzondering.' Slechts één haard, die van Sterkman, viel echt in de smaak bij de heren, waarbij 'is getracht door strakke lijnen en afwisseling van kleur een goed geprofileerd geheel te krijgen. Hij is saamgesteld uit blank geschuurd ijzer en geelkoper, en vormt in zijn eenvoud een sieraad der tentoonstelling. Door samenvoeging bijv. van roodkoper en dof gezwart ijzer kan eveneens een haard verkregen worden, waarbij het op geklonken ornement, dat overal en dus nergens pas is, geheel gemist kan worden.' Een haard van Becht & Dyserinck trok de aandacht door het bijna 'algemeene streven om de warmte door saamgestelde geleiding doelmatig te gebruiken, de bedorven kamerlucht af en de versche lucht aan te voeren'. Enkele inzenders van de categorie huiskamerkachels, in de categorie tot *f* 60,–, maakten het wel heel erg bont: 'De zucht voor overtollige versiering gaat hier zelfs zoo ver, dat enkele inzenders, ter afwisseling van de bekende bloemen en vruchten, dagelijks een hond of een paard laten opwarmen.'[48] De tentoonstelling was kennelijk een succes, want het jaar daarop waren er weer kachels te zien. De kritiek van een recensent beperkte zich niet tot de kachel in de vorm van een kleine schildersezel of het stuk gereedschap in de vorm van een hazewindhond om een deksel van een kachel te nemen. 'Over 't algemeen is op het gegoten ornament nog veel aan te merken. Vooral verdient het ook afkeuring, enkele onderdeelen van geel koper te nemen, die op den zwarten ondergrond een bedroevend figuur maken. Ze zijn even dwaas als de marmeren, natuurlijk uit beschilderd ijzer bestaande, paneeltjes, die reeds lang moeten zijn.' De 'glansrijk verlakte' kachels deden hem aan Japans lakwerk denken en konden zijn goedkeuring niet wegdragen. Mild nam hij afscheid: 'er is een klein weinigje vooruitgang waar te nemen, maar veel, zeer veel moet nog geleerd worden uit het boek der vormen.'[49] Maar de kachels werden verkocht!

'Gegoten haarden', vervaardigd door L.J. Enthoven & Co te 's-Gravenhage. Uit: catalogus van L.J. Enthoven & Co, folio 121, z.j.

De maatschappelijke verspreiding

Buitengewoon schaars zijn eigentijdse berichten over het gebruik van kachels en haarden. Uit de vijftiger jaren van de 19e eeuw komt een bericht tot ons dat de burgers van Middelburg voor de verwarming van hun 'burgerwoningen' inmiddels waren overgegaan op het gebruik van steenkool, hoewel men in vele keukens nog aangewezen was op hout- en turfvuren. De 'cuisinières' hadden hun intrede gedaan. Vroeger brandde men in het Zeeuwse de open ijzeren haard, de 'Franklin of Dordsche haard', die gestookt werd met Engelse steenkool die sterk roette. De Franklins hadden in de vijftiger jaren ruimte gemaakt 'voor meer geslotene haarden, waarin men eene betere luchttrekking heeft, en die men voordeeliger en zindelijker stoken kan met de zoogenaamde Brabantsche kolen of met cokes, welke meer warmte en minder roet geven'. We zien steeds meer stookinrichtingen in gebruik komen, 'welke, met eene ruime opening van voren, den rook en de vlam doen circuleren, zoodat zij veel warmte geven en toch de vrije toestrooming van lucht naar den haard niet verhinderen'.[50]

Dat de stookinrichting waarover men beschikte, sterk afhankelijk was van de sociale klasse waartoe men behoorde, moge duidelijk zijn. Jan Ligthart doet in zijn 'Jeugdherinneringen' verslag van hoe werd omgaan met wat hij noemde de 'vuurhaard'. Het speelde zich af in de Amsterdamse Jordaan in de zestiger jaren van de 19e eeuw. Deze 'vuurhaard' was een gietijzeren pot met drie pootjes op een tafeltje onder de schoorsteenkap. Hierin werden 's avonds een paar harde turven 'ingerekend', dat wil zeggen onder as bewaard. Deze hadden 's nachts liggen smeulen en de volgende morgen bestond het eerste werk uit het 'oprakelen'. Leverde dat te weinig op, dan waren er nog de 'doove koolen' – dat waren gedoofde 'doorgloeide' turven — om het vuur alsnog op te halen. Mocht dat zelfs niet lukken, dan kon hij altijd nog bij de 'water-en-vuur-vrouw' in een groen testje voor een halve cent vuur halen. Om het vuur in de pot echt brandend te krijgen, werden er 'talhouten' in gelegd en ontstoken door een zwavelstokje of 'solfertje' te laten ontvlammen. Eikenhakhout of akkermaalshout bestond uit jong hout dat geschild werd om de looistof houdende schors. Het witte talhout bleef dan over en werd in bosjes gebundeld en verhandeld. Door er meer akkermaalshout aan toe te voegen, ontstond een lekker brandend vuurtje waarboven, aan een ijzeren ketting, een waterketel werd gehangen. Een half uur later kookte het water en was er voor het gezin Ligthart tijd voor een lekker kopje thee.[51]

Een geneeskundige plaatsbeschrijving van Leeuwarden bevat een aardige passage over de wijze waarop rond

Takjes en aanmaakhout voor de kachel werden destijds verkocht door de water- en vuurwinkel.

1870 de verwarming van 'den minderen stand' geregeld was: mensen die aangewezen waren op een eenkamerwoning. 'Deze woningen bestaan gewoonlijk uit een portaaltje, waarin door middel van een ladder de toegang tot den zolder is en uit de kamer zelve. (.....) De schoorsteenen, vroeger veel groter en voor een haard en vuurpot ingerigt, worden tegenwoordig kleiner en lager gemaakt. Bij de meeste vindt men een kookkagchel er onder, die alleen voor het gereed maken van het eten wordt gebezigd, terwijl op andere tijden, vooral 's avonds, gebruik wordt gemaakt van een kolomkagchel, die voor den gewonen haard staat en waarvan de pijp door den voorwand van den schoorsteen loopt. Hierin stookt men óf zeer ligte turf óf turfmot met houtspaanders enz. Zij, die nog een vuurpot gebruiken stoken dikwijls houtzaagsel, dat stevig in den pot wordt gestampt, terwijl het midden open wordt gehouden, door er een paal in te steken, en er van onder eene opening in wordt gemaakt naar buiten om de trekking te bevorderen. Deze wijze van stoken geeft eene niet onaangename warmte. Van de kolomkagchels kan men dit niet zeggen; deze geven eene ongelijkmatige, dikwijls veel te groote hitte, terwijl ze tevens, vooral er mot wordt gestookt, een benauwde lucht van zich geven. Komt hier nu nog bij de noodige hoeveelheid tabaksrook en de kolendamp van een of meer stoven, dan moet men zich verwonderen, hoe de reeds te bed zijnde kinderen het 's avonds kunnen uithouden.'[52]

Bij de beter gesitueerden, waar men uiteraard niet was aangewezen op de vuurpot, was het de werkmeid die in alle vroegte haar bed moest verlaten 'om geknield voor de haard (die haar geen warmte geeft) de as van de vorige avond weg te ruimen en daarna de kruimels, pluisjes, todjes en al die andere naamloze voorwerpjes

op haar blik te vegen, die ook in het properste huishouden wel op de vloer te vinden zijn. Is dit werk gedaan, dan wordt de stoffer door een wrijflap vervangen en, nog altijd op haar knieën, met halfbevroren handen, beijvert zij zich de plaat te poetsen en aan het koper van kachel of haard de getaande luister terug te geven'. Alvorens de haard aan te kunnen leggen, moest er dus heel wat werk worden verzet.[53] Dit gold niet voor die dame uit de betere kringen die voorkomt in de roman 'Inwijding' van Marcellus Emants. Haar bijdrage aan de huiselijke warmte beperkte zich slechts tot de 'kooks' uit de kolenbak scheppen en uit te schudden over de gloeiende massa in de open haard, om vervolgens 'de klep' over het vuur te drukken.[54] Meer systematische inzichten leveren moderne onderzoeken, waarbij boedelbeschrijvingen het uitgangspunt vormen. Uit 469 boedels over de periode 1812-1896, afkomstig uit het dorpje Maasland, kunnen we opmaken dat de kachel aanvankelijk in 16% van de nalatenschappen voorkwam. Na 1845 begon het aandeel duidelijk te stijgen tot een niveau van 88% aan het einde van de eeuw. In de eerste 25 jaar komen de meeste kachels voor in huizen van neringdoenden en

Water- en vuurwinkeltje in de Amsterdamse Jordaan; voor thuis bezorgen van de brandstoffen werd 5 cent in rekening gebracht (H.M.J. Misset).

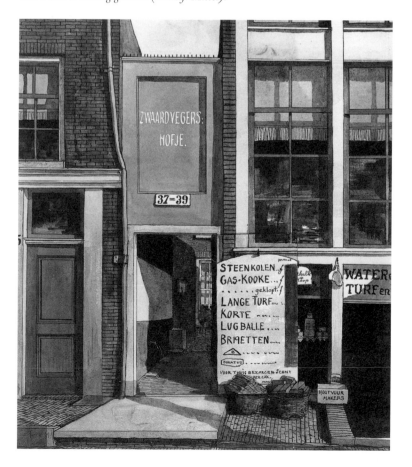

Interieur van de water- en vuurwinkel van 'vader Peterse' in de Amsterdamse Suikerbakkerssteeg. Peterse zit voor de waterketel. Foto 1914.

weer ingehaald want in Oost-Brabant kwam de kachel in 1860 nog in meer dan tachtig procent van de gevallen voor. In beide streken zijn ook in meer dan de helft van de gevallen fornuizen, dan wel kookkachels vermeld; in Oost-Brabant zijn deze bijna afwezig. De aanwezigheid van fornuizen zette in de Zaanstreek al tussen 1830 en 1860 in. Het petroleumstel verscheen als warmtebron voor kookdoeleinden. In 1890 was het petroleumstel in de Zaanstreek al een normaal verschijnsel. In Oost-Brabant en Oost-Groningen wordt het slechts incidenteel genoemd.[56]

Wat er ook aan kachels verbeterd werd, ongemakken bleven, al was het alleen al doordat voor het doel ongeschikte kachels werden aangeschaft of een schoorsteen niet goed functioneerde. Door vertrekken vanuit een centraal punt te verwarmen, waarbij lucht, stoom of water als medium fungeerde, zou tenslotte een einde komen aan veel stof en ander ongemak.

Ventilatie

Wanneer we binnenruimten niet goed ventileren, krijgen we na verloop van tijd te maken met luchtverontreiniging. Zo leverde in het verleden het gebruik van huishoudelijke apparaten als olie- en gaslampen, kachels en fornuizen, afvalstoffen op die afgevoerd moesten worden. 'Ieder zal dien reuk wel eens bij een brandende petroleumlamp of bij gas hebben waargenomen.'[57] Al heeft men veel aan de apparatuur kunnen verbeteren, aan een bron van luchtverontreiniging viel weinig te veranderen: de mens. Om te kunnen leven en werken, verbruiken wij veel zuurstof en produceren wij allerlei afvalproducten die 'bedorven lucht' veroorzaken.

Daar hebben onze negentiende eeuwse voorouders, naar gelang de omvang van de problemen, op verschillende manieren iets aan willen doen. Onder normale omstandigheden leverden kieren en gaten voldoende luchtverversing op. Mocht dat onvoldoende zijn, dan werden deuren en ramen open gezet. Een goede bron voor luchtverversing vormde natuurlijk de open haard, die echter vaak een te sterke ventilatie – met als resultaat tocht – tot gevolg had. In de praktijk leverde dat een 'klimaatbeheersing' op waar men zich maar tevreden mee moest stellen. In de 19e eeuw zou daar verandering in komen. Ventilatie kwam op de agenda: van het aanbrengen van kanalen met ventilatierozetten in muren en plafonds en schoorsteenkappen. Volgens de toenmalige inzichten was 'luchtbederf' ook verantwoordelijk voor wat men miasmatische ziekten noemde. Er zou namelijk een zekere relatie bestaan tussen de slechte kwaliteit van lucht, water en vochtige grond en het voorkomen van bepaalde ziekten. Hoewel Louis Pasteur in de loop van

ambachtslieden. In 1858 is er voor de eerste keer sprake van een fornuis. Een aandeel dat in het midden van de jaren negentig is opgelopen tot ongeveer 60%. Het fornuis kent in Maasland, in vergelijking met de kachel, een aanmerkelijk geringere verspreiding. De anderen behelpen zich, voor wat betreft het koken, met de kachel of een of twee petroleumstellen. Na 1875 verdween de open haard snel uit de woningen van alle inkomensgroepen, met als uitzondering de boeren, die de open haard in gebruik hielden in verband met het roken van vlees en spek.[55] Een vergelijkend boedelonderzoek tussen de Zaanstreek, Oost-Groningen en Oost-Brabant, brengt regionale verschillen in beeld. In 1830 komt het haardvuur zo goed als overal nog voor als de enige manier van verwarmen. Voor zover er toen kachels waren, vinden we die met name in Oost-Brabant; dat is ruim twee keer zo vaak als in Oost-Groningen en in de Zaanstreek. In 1890 waren de open haarden vrijwel van het toneel verdwenen ten gunste van de kachel, die bijna overal voor kwam. Oost-Groningen en de Zaanstreek hadden Oost-Brabant bijna

de 19e eeuw zou aantonen dat bacteriën de echte ziekteverwekkers waren, zou het nog lang duren voordat zijn denkbeelden geaccepteerd werden.

De luchtverversing van de 19e eeuwse burgermanswoning zou dus ook een voor de hand liggende zaak moeten zijn. De praktijk was anders. Rond 1860 moest men constateren 'dat zoo vele huizen gebouwd worden, waar geen de minste acht wordt geslagen op de luchtverversching'. Mogelijkheden waren er echt wel. 'Het is toch gemakkelijk om bijv. eene buis in den muur te metselen, welke met het eene einde in de open lucht uitkomt, en met het andere van binnen in de kamer boven den vloer, en aldaar door eene sierlijke roset afgesloten kan worden. Wanneer nu eene andere buis, met hare eene opening in de kamer onder het plafond en met de andere boven het dak uitkomt, dan ontstaat daardoor reeds eene vrij voldoende luchtverversching.' Een andere manier was ventileren langs de plinten. De plint werd op twee centimeter van de muur geplaatst en ook tussen plint en vloer werd over de volle lengte twee centimeter ruimte gelaten. De plinten zelf werden voorzien van boorgaten van zo'n halve centimeter doorsnede, in een sierlijke lijn aangebracht. Frisse buitenlucht kon nu via de ruimte onder de vloer tussen plinten en muur en via de gaatjes de kamer bereiken. Op de verdieping kon ook ventilatie langs de plint worden toegepast. Buitenlucht zou dan moeten worden aangevoerd via in de muren geplaatste buizen. 'Wanneer nu gestookt wordt, dan zullen de rookbuizen warm worden, en de lucht in het kanaal om de buizen verwarmen; deze lucht zal daardoor ligter worden en opstijgen, en vervangen worden door de bedorven lucht, welke uit de kamer in het kanaal stroomt.' In de kamer werd de opening naast de schoorsteen voorzien van een open rozet.[58]

Idealiter ging het in de tweede helft van de 19e eeuw om het aanbrengen van aan- en afvoerkanalen. Een voor de aanvoer van verse buitenlucht, die bij voorkeur onder de kachel uitmondde. De bedorven lucht verliet het vertrek door een afvoerkanaal met vaak zowel beneden als boven een afsluitbare klep. Deze kanalen werden in het metselwerk uitgespaard, waarbij soms terracotta-elementen werden toegepast of er werden tegen bestaande muren kokers gemaakt van hout of rietplanken. De beste plek voor een afvoerkanaal was een binnenmuur, om afkoeling door de relatief koude buitenmuur te voorkomen. Door het kanaal kon de bedorven lucht naar boven en via het dak worden afgevoerd. In het geval de trek in een afvoerkanaal onvoldoende was, kon deze worden bevorderd door het branden van een gasvlam – de 'lokvlam' – onder in het kanaal, waardoor een warme luchtstroom op gang werd gebracht.

Een 'eenvoudig, minkostbaar en doeltreffend middel'

Het warmen van de ledematen aan de kolomkachel. Uit: Nederland door Nederlanders geschetst, 1841.

voor luchtverversing was dat van de Engelsman Tobin, waaraan in het voorjaar van 1875 veel aandacht werd besteed. Zijn systeem bestond uit halfronde zinken, tegen de muren geplaatste buizen die van boven open waren en onder de vloer in verbinding stonden met de buitenlucht. Het effect zou zijn 'een fontein van koude lucht, die tot een bepaalde hoogte boven de hoofden der aanwezigen in constanten stroom opstijgt zonder

Kachelhaard met 'klep' in het Deutzhuis aan de Herengracht 502 te Amsterdam.

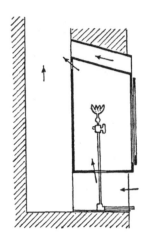

Een 'lokvlam' op gas waarmee de ventilatie werd bevorderd. Uit: B.H. Thomas: Centrale verwarming en luchtverversching, 1902.

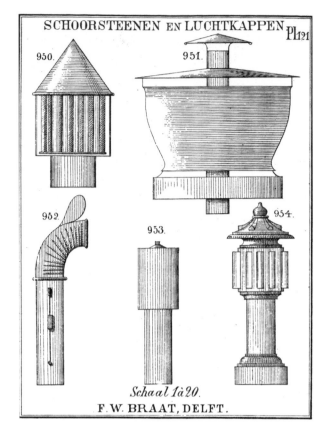

'Schoorsteenen en luchtkappen'. Uit: Atlas van de Koninklijke Fabriek van zinkwerken en andere metalen van F.W. Braat, Delft, z.j.

hinder te verwekken'. De bekende medicus Coronel laat in De Opmerker geen draad heel van het systeem. Het was een 'overoud hulpmiddel van luchtwisseling door de wetenschap al lang veroordeeld'. Ook de deskundigen kregen een veeg uit de pan: 't Is en blijft een treurig verschijnsel, dat al het streven van gemoedelijke en bekwame mannen op dit gebied schipbreuk lijdt, en dat men gereede ooren leent aan de onbekookte reclames van buitenlandsche bladen en de Spielereien van onkundige liefhebbers. Met ongeëvenaarde driestheid wordt al wat onze geleerden in de laatste jaren op dit gebied verkondigd hebben doodgezwegen, om het door hen in beginsel afgekeurde als een non plus ultra van volmaaktheid aan te bieden.'[59] J.A. van der Kloes, bezig met een ziekenhuisontwerp in Dordrecht, ging in 1875 op bezoek bij het Londense St. George hospitaal om het systeem met eigen ogen te zien. Ook hij vond dat het systeem 'op verre na niet den naam verdient van een ventilatiestelsel, dat aan alle vereischten voldoet'. Na inspectie ter plaatse kwam hij voor zijn ziekenhuis tot een gewijzigd ontwerp, waarvan hij, 'zooals met alle nieuwe ventilatie-inrichtingen het geval is, nog zal moeten afwachten wat de resultaten zullen zijn'.[60] In de praktijk bleef men echter gebruik maken van deze buizen. Jan Ha-

mer & Co uit Amsterdam introduceerde rond 1890 'Boyle's verbeterd lucht-aanvoerkanaal', inclusief regulator en luchtfilter. De hoogten varieerden van 0.40 tot 1.70 m.[61]

'Luchtzuigers', kappen op het hoogste punt van het ventilatiekanaal, werden veel toegepast. Deze kappen waren in allerlei uitvoeringen in de handel verkrijgbaar. Uitgevoerd in zink, ijzer of terracotta en veelal vernoemd naar de uitvinder of de fabriek die ze op de markt bracht. Zo kwam in 1868 prof.dr. Wolpert uit Kaiserslautern met zijn 'Wolpertsche' luchtzuiger die

'Boyles' en 'Wolpertsche' luchtzuiger. Uit: P. Verhave: Onderhoud en verbetering van woonhuizen, 1917.

'Hasselman' en 'Archimedes' ventilator. Uit: P. Verhave: Onderhoud en verbetering van woonhuizen, 1917.

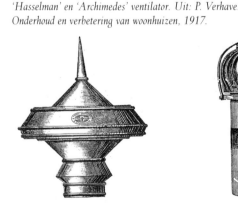

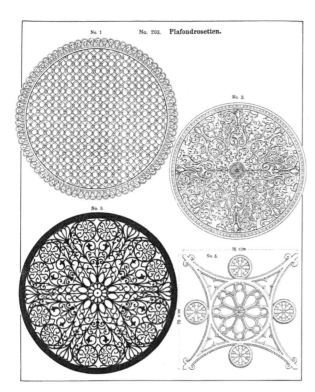

No. 203. **Plafondrosetten.**

Plafondrozetten: Uit: Compleet Modelboek van Von Raesfeld de Both & Co, IJzergieterij & Emailleerfabrieken 'Vulcaansoord', Terborg, z.j.

Muurroosters, luchtroosters en ventilatierozetten. Uit: Compleet Modelboek van Von Raesfeld de Both & Co, IJzergieterij & Emailleerfabrieken 'Vulcaansoord', Terborg, z.j.

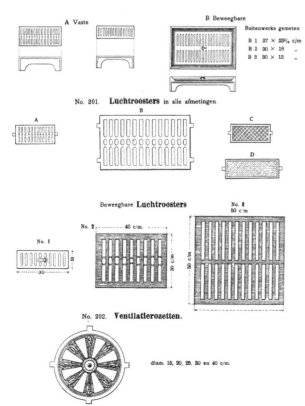

No. 201. **Luchtroosters** in alle afmetingen.

Beweegbare **Luchtroosters**

No. 202. **Ventilatierozetten.**

diam. 15, 20, 25, 30 en 40 c/m.

Schoorsteenkappen van J.A. John en de werking ervan. Uit: De Opmerker, 1897.

in ons land overigens vaak voor de ventilatie van urinoirs werd gebruikt. Veel bekendheid genoot de 'Boyles' luchtzuiger die bij alle windrichtingen werkte. Ook de 'Patent Exhaust ventilator' van Hasselman bewees goede diensten. Van de 'Archimedes' schroefventilator werd het bovendeel door de wind in een draaiende beweging gebracht, waardoor een sterke afzuiging ontstond.[62] Aan het einde van de eeuw trok de schoorsteenkap met beweegbare helm van J.A. John uit Erfurt veel aandacht. Een kap, geschikt voor alle 'schoorstenen, verschelucht- en wasemkanalen'. Robbert Kalff te Utrecht was agent voor Nederland en Engeland.[63]

Was in het voorgaande in het gunstigste geval misschien nog sprake van een bepaald uitgewerkt ventilatieconcept, in de praktijk van alledag namen velen hun toevlucht tot wat de 'kleine ventilatiemiddelen' werden genoemd. Kleine technische voorzieningen die voor verversing van de lucht moesten zorgen. Zo kon boven in een kamer een opening worden gemaakt die rechtstreeks in verbinding stond met de buitenlucht. In vele gebouwen zijn deze, met gietijzeren rozetten

Ventilatierozetten. Uit: Atlas van de Koninklijke Fabriek van zinkwerken en andere metalen van F.W. Braat, Delft, z.j.

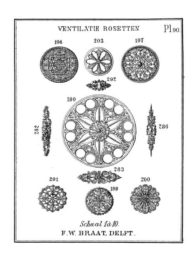

afgedekte ventilatieopeningen te zien. Aan de binnenzijde kon men de ventilatie beïnvloeden door de opening te openen, dan wel af te sluiten. Een concept dat in de loop van de tijd steeds werd verbeterd. Zo kwam in het begin van de vorige eeuw de 'Louvre' ventilator op de markt, met vaste jaloezieën waarachter een beweegbare afsluitklep. De op een honingraat gelijkende 'Universal' ventilator had achter het rooster beweegbare kleppen, waardoor de openingen geheel afgesloten konden worden. Het model 'Sheringham' leek veel op een brievenbus die opengezet kon worden en werd vooral achter verwarmingstoestellen toegepast. Een apart hoofdstuk vormden de glasjaloezieën, die rechtstreeks in het raamhout werden gemonteerd. In een metalen montuur opgenomen glasstroken werden door hefbomen bediend. Een nadeel was dat de stroken glas in gesloten toestand niet goed op elkaar aansloten, waardoor een huilend geluid werd opgewekt wanneer de wind op het raam stond. Aan het begin van de vorige eeuw sprak men wel van 'luchtloevers'.[64] Al met al was het vraagstuk van de ventilatie rond 1900 nog niet echt opgelost. Het plaatsen van te kleine toestellen gebeurde uit zuinigheidsoverwegingen, met alle gevolgen van dien. En ook het al te vaak brommen van de 'Wings ventilatiemolentjes' gaf aan dat men weinig aandacht schonk aan het goed instellen.[65] Het ging hier om Amerikaanse ventilatoren van Wing die hier aan het einde van de tachtiger jaren werden aangeboden. Ze waren in 14 verschillende afmetingen verkrijgbaar, variërend van 30 centimeter tot 3 meter. Ze werden door een drijfriem in beweging gebracht en de bladen konden naar behoefte worden gesteld om de

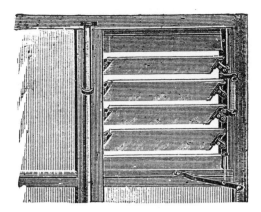

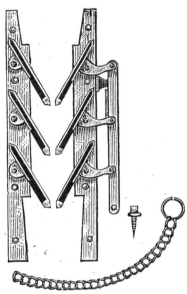

'Glas-jalouzie-ventilator'. Uit: P. Verhave:Onderhoud en verbetering van woonhuizen, 1917.

'Louvre', 'Universal' en 'Schringham' ventilator. Uit: P. Verhave: Onderhoud en verbetering van woonhuizen, 1917.

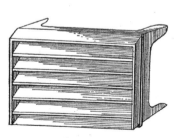

'Louvre' ventilator

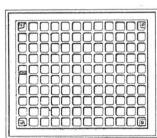

'Universal' ventilator

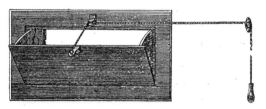

'Schringham' ventilator

capaciteit te regelen. Gebeurde dat niet goed, dan had men last van gebrom. Ventilatoren die in principe toepassing vonden in grote gebouwen, maar ook in woonhuizen werden ze gebruikt.[66]
Het ventileren van winkelkasten was bittere noodzaak, wilde men ook in koude tijden de uitgestalde waren goed kunnen bekijken. Een goede ventilatie voorkwam condensvorming. In vele winkelpuien zijn de roosters en ventilatiespleten nog te vinden. Jacob Olie, die in de zestiger jaren een winkelpui ontwierp voor een pand aan de Nieuwendijk in Amsterdam, was zich goed bewust van het belang van een goede ventilatie en bevorderde die door gebruik te maken van gasvlammen. 'Boven elk dezer binnenkasten, die met spiegelglas zijn afgedekt, bevinden zich twee gasvlammen die, door kappen ingesloten, de voorwerpen verlichten. De warmte van deze lichten verspreidt zich tot naar buiten, langs een ronde buis, die tot buiten uitmondt en op de teekening is aangetoond.'[67] Kort na de eeuwwisseling werd in de vakbladen gewezen op de

Ontwerp van Jacob Olie voor een winkelpui met ventilatiemogelijkheid voor beide winkelkasten, met gebruikmaking van gasvlammen. Uit: Bouwkundige Bijdragen, 1867.

Fig. 1 en 2. Uitwerkingen van een luchtstroom door een cilindervormig en door een kegelvormig kanaal.

Fig. 3. Uitwerking van een luchtstroom op een kaarsvlam door een kegelvormige opening in een geperforeerde ruit.   Fig. 4. Hetzelfde als in fig. 3, maar nu de luchtstroom van het wijde naar het enge gedeelte ingevoerd.

Werking van een luchtstroom op een conische perforatie in een ruit. Uit: De Natuur, 1886.

verkrijgbaarheid van het 'Systeem-Sebas' dat ideaal zou zijn ter voorkoming van het aanslaan van winkelruiten. Waar het precies om ging, is niet duidelijk.[68] Een wel zeer bijzondere vorm van luchtverversing was die door middel van geperforeerde ruiten. Hierin waren op regelmatige afstand van elkaar conische openingen gemaakt die zich aan de binnenzijde verwijdden. De conische vorm van de doorboring moest bevorderen dat binnenkomende buitenlucht zich meteen verspreidde. Het waren de Fransen Appert, Geneste en Herscher die het uiteindelijk gelukte om dit principe technisch tot een goed einde te brengen.[69] Het afvoeren van 'bedorven lucht' was vooral nodig in zalen waar vele mensen bijeen waren en waar het aanbrengen van een paar ventilatierozetten of het open zetten van ramen en deuren volstrekt onvoldoende was. Aan het einde van de 18e eeuw was het ventilatievraagstuk voor het in Rotterdam gevestigde Bataafsch Genootschap reden een prijsvraag uit te schrijven over 'de aart van de verschillende, schadelijke en verstikkende Uitdampingen van Moerassen, Modderpoelen, Secreeten, Riolen, Gast- of Zieken- en Gevangenhuizen, Mijnen, Putten, Graven, Wijn- en Bierkelders (en) doove Koolen'. Een van de reacties kwam van Martinus van Marum en zijn vriend Paets van Troostwijk. Voor wat betreft het tegengaan van de schadelijke dampen, kwamen beide heren in 1783 tot de conclusie dat 'schoorsteenen waarin gestookt wordt', ventilatoren en het inbrengen van zuivere lucht de oplossingen waren. Martinus van Marum, arts en natuurkundige, speelde een belangrijke rol bij de Hollandsche Maatschappij der Wetenschappen en het Teylers Museum

te Haarlem. Naast het verrichten van onderzoek ijverde hij sterk voor de verbreiding van wetenschappelijke kennis en ideeën. In de jaren daarop bleef het principe van de ventilatoren Van Marum bezig houden. In dit licht was het niet verwonderlijk dat de Hollandsche Maatschappij in 1795 een prijsvraag uitschreef met als onderwerp het nut van ventilatoren op schepen. In 1797 beloofde Van Marum uitvoeriger terug te komen op het gebruik van ventilatoren 'in Hospitaalen of Gasthuizen en Gevangenissen, als ook op de groote Schepen'. Alleen aan de toepassing op schepen is nog door hem gewerkt. Hoewel de resultaten daarvan bevredigend waren, is het van andere toepassingen niet meer gekomen.[70] Vanaf het begin van de 19e eeuw verschijnen studies over ventileren en verwarmen. Hieruit blijkt dat men zich realiseerde dat er sprake was van een samenhangende problematiek. Belangrijk werk verrichtte Thomas Tredgold (1788-1829), die in 1824 zijn 'Principles of Warming and Ventilating Public Buildings, Dwelling Houses, Manufactures, Hospitals, Hot Houses, Conservatories etc.' publiceerde. Zijn inzichten vormden later de basis voor de klimaatbeheersing bij grootschalige projecten zoals de Parlementsgebouwen en het

Luchtzuiger volgens Wing' patent. Uit: Bouwkundig Weekblad, 1892.

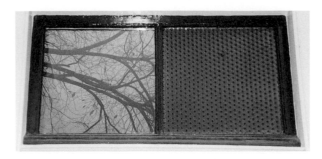

Geperforeerde ruit: Prinsengracht 159-171, Amsterdam.

Sint Thomas Hospital in Londen.[71] Op het continent deed de uit Wenen afkomstige hoogleraar J.P. Meissner in 1827 van zich horen. In zijn boek 'Heitzung mit erwärmter Luft' doet hij verslag over zijn bevindingen met het ventileren door gebruik te maken van verwarmde lucht. Ons land volgde voorzichtig de ontwikkelingen in het buitenland. In de vijftiger jaren informeerden de Bouwkundige Bijdragen onze architecten over een spraakmakend buitenlands project: de reeds genoemde Parlementsgebouwen in Londen. Daar was men al lang bezig met de verbetering van het binnenklimaat. Zo probeerde Christhopher Wren rond 1660 een oplossing te vinden voor de problemen rond de warmteontwikkeling als gevolg van de kaarsverlichting, door vierkante gaten in het plafond te maken. De koude ruimte daarboven had tot gevolg dat de warme lucht niet werd afgevoerd. Door uiteindelijk een met de hand bediende ventilator te installeren, gelukte het J.T. Desaguliers de ventilatie aanmerkelijk te verbeteren. In 1811 was Humphry Davy om dezelfde reden in de weer met het boren van 20.000 gaten in de vloer van het House of Lords om de warmte meer gelijkmatig in de ruimte te krijgen. In het plafond werden verwarmbare buizen gemonteerd om de afvoer van de verwarmde lucht te versnellen. Nadat in 1834 een brand grote verwoestingen had aangericht, bood dat wederom gelegenheid de klimaatbeheersing op basis van verbeterde inzichten aan te pakken. Charles Barry werd als architect ingehuurd, de uit Edenburgh afkomstige David Boswell Reid zou zich bezig houden met de klimaatbeheersing. De samenwerking wilde op den duur niet vlotten. In 1846 zou Barry zich bezig gaan houden met het House of Lords, terwijl Reid verder zou werken aan de ventilatie en verwarming van het House of Commons. Uiteindelijk werd Reid in 1852 ontslagen en vertrok hij drie jaar later naar de Verenigde Staten. Reids luchtverwarming kwam op het volgende neer. Door stoom verwarmde lucht stroomde via gaten in de vloer de ruimten in en werd boven weer afgevoerd. Het House of Lords had drie van die verhitters, het House of Commons beschikte over twaalf. Reid introduceerde kunstmatige luchtbe-

vochtiging en chemische zuivering van de lucht. Ingelaten lucht werd gefilterd en chemisch gezuiverd door een systeem dat Reid 'Guy Fawkes' Vault' noemde. Grote schoorstenen bevorderden de ventilatie.[72] De Parlementsgebouwen golden destijds als het meesterstuk wat moderne installatietechniek vermocht! De aandacht in een toonaangevend vakblad als Bouwkundige Bijdragen illustreert aardig hoe langzamerhand het nieuwe aandachtsveld een geheel eigen plaats ging innemen. Was het tot dan toe zo dat architecten op basis van ervaring oplossingen vonden, de 19e eeuw confronteerde hen echter steeds meer met een praktijk waarin naast ervaring ook theoretische kennis een voorwaarde werd om een bevredigend antwoord te kunnen geven op grootschalige verwarmings- en ventilatievraagstukken. Het gevolg was dat klimaatbeheersing in de tweede helft van de eeuw steeds meer een discipline voor werktuigkundigen zou worden.

Tal van geleerden en werktuigkundigen hebben na Tredgold en Meissner aan de theoretische en praktische onderbouwing van het vak bijgedragen. Het werk van de uit München afkomstige Max Joseph von Pettenkofer (1819-1901), die de grondslagen legde voor de theoretische en proefondervindelijke hygiëne, moet zeker genoemd worden. Hij voerde een methode in waarbij de mate van ventilatie werd bepaald aan de hand van het CO_2-gehalte. Verder onderzoek in de laatste decennia van de 19e eeuw leidde tot een wetenschappelijke onderbouwing van de luchtverversings- en verwarmingstechniek. Ferrini publiceerde in 1876 zijn Technologica del Calore. In 1878 presenteerde G. Recknagel zijn theorie over de natuurlijke ventilatie. Inzichten waarvan in vakkringen ruim twintig jaar later dankbaar gebruik zou worden gemaakt bij het ontwerpen van ventilatie-inrichtingen. Meer theoretisch inzicht, gepaard met de opbloei van de werktuigbouwkunde, kwam de ontwikkelingen van het vak ten

Een doorboorde ruit. Uit: De Natuur, 1886.

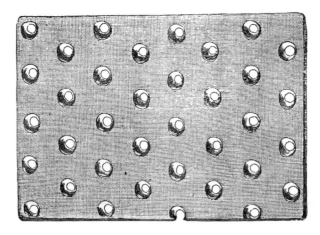

Professor Gerrit Moll (1785-1838), hoogleraar sterren- en natuurkunde te Utrecht.

Overblijfselen van rook- en luchtkanalen in het huis Landfort te Gendringen. De roetsporen van de rookkanalen zijn goed zichtbaar; links daarvan lopen de kanalen van de heteluchtverwarming.

goede. Het was uiteindelijk Herman Rietschel die in 1893 met zijn 'Leitfaden zum Berechnen und Entwerfen von Lüftungs- und Heizungs-Anlagen' de definitieve grondslag legde voor een praktische toepassing van de wetenschappelijke inzichten. Voor menig technicus is de 'Rietschel' nog steeds een klassieker. [73]

Luchtverwarming

Mocht 'bedorven lucht' directe aanleiding vormen vertrekken te ventileren, gaandeweg bleek deze noodzaak goed te combineren met luchtverwarming. Een samengaan dat uiteindelijk gecompliceerde vormen van luchtbehandeling zou opleveren.

In ons land is het oudste nog bestaande voorbeeld van een luchtverwarming te vinden in het landhuis Landfort te Gendringen. In de muren van de bel-etage en de verdieping van het linker gedeelte bevinden zich uitgespaarde, rechthoekige kokers. De met afsluitbare roosters afgedichte openingen bevinden zich vlak boven de vloer en op ongeveer 2.50 meter hoogte. Het systeem moet, gezien de bouwhistorische gegevens, uit 1825 dateren. [74] Het stookbedrijf speelde zich naar alle waarschijnlijkheid af in een van de kelders. De lucht zal waarschijnlijk door de bovenopening zijn ingevoerd en — na afkoeling — op vloerhoogte zijn afgevoerd, waardoor de benedenopening als 'winterschuif' functioneerde.

Het was de reeds genoemde Oostenrijker J.P. Meissner die in 1827 aandacht besteedde aan de mogelijkheden van luchtverwarming. In ons land was het de in Utrecht woonachtige Albertus van Beek die — kennis genomen te hebben van Meissner's werk — in het begin van de jaren dertig de eerste stappen zette op het terrein van luchtverwarming, door zijn suikerfabriek van zo'n installatie te voorzien. Van Beek had veel belangstelling voor natuurkunde en speelde als zodanig een belangrijke rol bij het Natuurkundig Gezelschap te Utrecht. Daar had hij veel contact met prof.dr. G. Moll, met wie hij in de buurt van Amersfoort proeven deed om de snelheid van het geluid te meten. Opmerkelijk, is dat deze zoon van een suikerraffinadeur geen enkele academische opleiding had genoten en als zodanig amateur-fysicus was. Zijn verdiensten waren kennelijk zodanig, dat in 1822 hem een eredoctoraat in de wis- en natuurkunde werd verleend. [75]

Bij de bouw van het Coolsingelziekenhuis (1840-1851) in Rotterdam werden door architect W.N. Rose tal van technische vernieuwingen toegepast, waaronder een stelsel van luchtverwarming. Buitenlucht werd door uitwendig verhitte ijzeren buizen gevoerd. Het bleek geen succes. De buizen gingen roesten en het systeem verspreidde een onaangename geur. Om dat te verbeteren, werden de buizen vervangen door uit vuurvaste

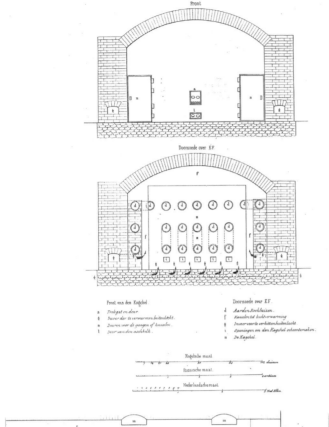

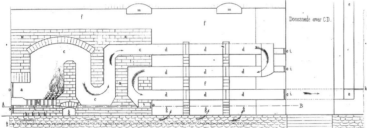

Het pneumatisch verwarmings- en ventilatietoestel van Zimara. Aangegeven zijn een langsdoorsnede met de gang van de rookgassen in de buizen en het front van de 'kagchel'. Uit: Bouwkundige Bijdragen, 1863.

steen gemetselde kanalen. Afwisselende uitzetting en inkrimping waren er oorzaak van dat de steen scheurde en rook via de luchtkanalen in de vertrekken kwam. IJzeren kokers, bemetseld met vuurvaste steen, konden het euvel ook niet verhelpen. Tenslotte ging men over op gegoten ijzeren buizen – met flenzen aan elkaar verbonden – waarin in zand gelegde vuurvaste buizen waren gelegd. Rose kwam er achter dat men hierbij vooral moest vermijden de kanalen onder een helling te leggen; hoeken in het systeem waren helemaal uit den boze.[76]

Aan het einde van de vijftiger jaren was in Amsterdam loodgieter E.H. Hartman in de weer met zijn 'stelsel van verwarming en ventilatie'. Plaats van handeling was de Schotse Zendingskerk die in de periode 1856-1886 in de vroegere Franse schouwburg aan de Binnen-

amstel in Amsterdam was gevestigd. In de vloeren van de reeds bestaande kerkzaal werden roosters gelegd, die in verbinding stonden met de kelderruimten. Aan weerszijden van het kerkgebouw liet Hartman 'ventilatiebuizen metselen, met afzonderlijke rookleiders er in', die in kelderruimten uitkwamen. 'Vroeger bestaande nissen gaven mij de ruimte, om in iedere ventilatiebuis eene aanwezig zijnde kagchel te plaatsen, zonder dat daardoor de toegang der lucht uit den kelder, of de inhoud der ventilatiebuizen belemmerd werd. In deze meerdere ruimte zijn deuren geplaatst, die in de kerk uitkomen; terwijl daarboven eene gelegenheid bestaat om de ventilatiebuizen te kunnen afsluiten.' Voordat de kerkdienst begon, werden de kachels aangestoken, waarbij de ventilatiebuizen boven werden gesloten en beneden afgesloten door de deuren te openen. Alle warmte kwam nu ten goede van de kerk. Nadat de kerkgangers binnen waren, werden de kanalen beneden weer gesloten, maar boven geopend. 'De door de ademhaling en turfkolen gevormde koolzure lucht zakt door de roosters in den kelder, welke door de ventilatiebuizen er uitgetrokken en in de open lucht gevoerd wordt.' Verse lucht werd vanuit het plafond aangevoerd.[77]

Muur met een van een rooster voorziene opening van de heteluchtverwarming in het huis Landfort te Gendringen.

De Amsterdamse onderneming Peck & Co introduceerde het systeem 'Zimara', een 'pneumatische verwarmings- en ventilatietoestel met aarden buizen, zonder gebruikmaking van metaal'. Het was een uitvinding van de uit Sint Petersburg afkomstige Rudolf Zimara, die zich in het dagelijks leven bezig hield met het maken van vuurvast metselwerk. In 1860 werd hij vereerd met de grote gouden erepenning van Rusland en twee jaar later volgde op de Wereldtentoonstelling van Londen wederom een bekroning. Kennelijk een vinding die 'uitmuntende hoedanigheden voor publieke gebouwen en gewone woonhuizen bezit'. Gezien zijn achtergrond, had Zimara een 'toestel van aardewerk' ontworpen. Het geheel bestond uit een vermetselde oven waarin zich een vuurhaard bevond waarop zigzagsgewijs gelegde 'aarden rookbuizen' aansloten, waardoor de rookgassen naar de schoorsteen werden afgevoerd. Van onderen af werd koude lucht langs deze keramische buizen gevoerd om boven in de oven, inmiddels verwarmd, door kanalen te worden afgevoerd naar de vertrekken. Bij het opmetselen kon men rekening houden met de beschikbare ruimte ter plekke: maatwerk dus.[78]

Er moet heel wat werd geëxperimenteerd zijn. Voor veel loodgieters en smeden betekende de aanleg van zulke installaties maar bijzaak, waarbij in het gunstigste geval nog de plaatselijke natuurkundeleraar werd geconsulteerd. Specialisatie waarbij bijzaak hoofdzaak zou worden, was een kwestie van tijd. Uit eigentijdse tijdschriften valt op te maken dat in de zestiger jaren van de 19e eeuw ondernemingen zich gingen toeleggen op de aanleg van deze installaties. Er werd zelfs op gewezen dat het alleen maar wenselijk kon zijn zich van 'den aanleg van verwarmingstoestellen van alle zwarigheden ontheven te zien en niet genoodzaakt te zijn zich zelfs naar iedere behoefte in zulk eene quaestie te mengen, om die zwarigheden uit den weg te ruimen'.[79] De benodigde knowhow zou veelal uit het buitenland betrokken worden. Het waren vooral Duitse bedrijven die – eventueel via Nederlandse vertegenwoordigers – de boventoon voerden met hun systemen, waarbij 'calorifères' de lucht verwarmden. Deze waren ovens die in de kelder stonden en de aangevoerde buitenlucht op temperatuur brachten, waarna deze door in het metselwerk uitgespaarde kanalen naar de te verwarmen ruimten stroomde. Daarbij was het belangrijk zoveel mogelijk horizontale kanalen te vermijden, omdat anders het transport van de afkoelende lucht problemen zou opleveren. Bij gebouwen op een groot grondplan hield dat in, dat men zijn toevlucht moest nemen tot verspreid opstellen van meerdere ovens. In de Nederlandse pers trok het luchtverwarmingssysteem van Boyer & Consorten uit Ludwigshafen am Rhein veel aandacht. Het waren

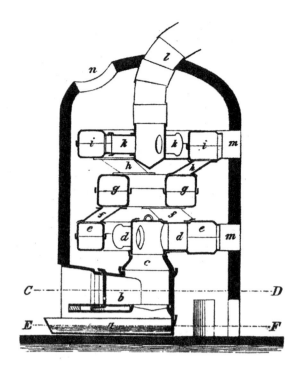

Platte grond C D E F.

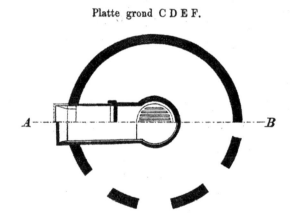

Een calorifère van Boyer & Cons. Uit: Bouwkundige Bijdragen, 1870.

hun gepatenteerde calorifères die warme lucht leverden met een voldoende vochtigheid om tegemoet te kunnen komen aan de droogte, die kennelijk eigen was bij vele van de andere systemen. Een hele verbetering dus. In 1867 maakte Charles Remy & Bienfait, civiel ingenieurs uit Rotterdam, bekend dat zij dit Duitse bedrijf in Nederland vertegenwoordigden. In een prospectus werd bericht dat in het buitenland meer dan 150 gebouwen 'naar hare methode worden verwarmd en geventileerd'. Architecten werden uitgenodigd hun plannen naar Remy & Bienfait op te sturen, waarna het agentschap kosteloos een plan voor ventilatie en verwarming zou opstellen. 'Van nabij bekend met eenige der zwarigheden eener mechanieke verwarming en ventilering, wenschen wij hartelijk dat de methode BOYER C.S., elke zwarigheid zal weten te overwinnen', liet een architect in 1869 weten.[80] Het 'toestel' bestond uit een ronde gemetselde mantel, waarin zich een vuurhaard met een rookgeleidingssysteem bevond. De rookgassen werden via ringvormige – door buizen verbonden – 'kasten' onder afgifte van warmte afgevoerd naar de schoorsteen. De koude buitenlucht stroomde langs deze kasten en buizen en verliet door een opening boven in de mantel het verwarmingstoestel. Was het toestel in een vertrek geplaatst, dan stroomde de warme lucht direct de ruimte in. Geplaatst in een kelder, werd de warme lucht door kanalen naar elders getransporteerd. Het toestel kostte rond 1870 *f* 500,–, inclusief de 'inrigting om de lucht vochtig te maken'.[81] Dat er bij deze 'Boyersche inrichting' het nodige kwam kijken, blijkt wel uit de ervaringen van J.M. van Bemmelen. Bij proefnemingen in schoolgebouwen had hij ondervonden 'hoeveel zorg

en toezicht noodig is, om dergelijke meer ingewikkelde toestellen, die door empirici worden ontworpen en opgesteld, goed te doen werken; hoe groot gevaar men loopt dat zij niet bevallen en afgekeurd worden, – en hoeveel er nog aan te verbeteren valt'.[82]

Een vergelijkbaar systeem was dat van Heckmann & Co uit Mainz, waaraan de Bouwkundige Bijdragen in 1875 een artikel wijdde in de vorm van een vertaalde fabrieksbrochure. Heckmann en zijn compagnon Eberle waren ooit werkzaam bij Boyer & Consorten en maakten dankbaar gebruik van de aldaar opgedane ervaring. Het ging hierbij om een systeem waarbij de warmte-uitwisseling in de oven werd vergroot door gebruik te maken van ribben.[83]

De tot nu besproken manieren van verwarmen waren wat veelal 'aspiratiesystemen' werden genoemd. Een verwarmingsbron, onderdeel van een uitgebreid kanalenstelsel, moest er uiteindelijk voor zorgen dat door kunstmatige en/of natuurlijke temperatuurverschillen het bouwwerk voldoende werd geventileerd. Toch kleefden er bezwaren aan deze systemen. Veel warme lucht kon wel via de schoorsteen worden afgevoerd, 'maar men kan de daarvoor in de plaats stroomende koudere lucht geenszins met juistheid voorschrijven, vanwaar en langs welke wegen zij zal binnentreden. Die wegen kunnen veel meer lucht van elders aanvoeren, dan de daartoe bestemde aanvoerkanalen.' Con-

Plattegrond schoolgebouw waarin het systeem van Boyer & Cons. werd toegepast. De verwarmde lucht stroomde op halve hoogte het lokaal binnen en werd naar gelang het seizoen beneden, dan wel boven in het lokaal afgevoerd. Uit: Bouwkundige Bijdragen, 1870.

Het systeem van Heckmann & Co uit Mainz. Aangegeven zijn een aanzicht en doorsnede van de luchtverwarmingsoven. Uit: Bouwkundige Bijdragen, 1875.

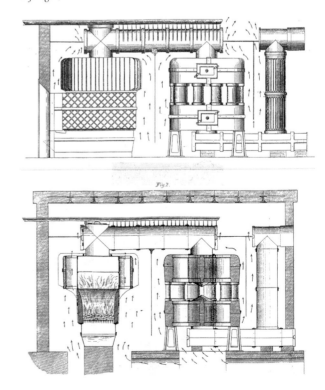

creet: er konden in de kanalen tegenovergestelde luchtbewegingen ontstaan, waardoor de luchtverversing ontregeld werd. Door de introductie van 'voortstuwings- of propulsiesystemen' probeerde men de toevoer van verse lucht beter in de hand te krijgen door mechanische ventilatoren toe te passen.[84]

In dit verband moet het systeem van Van Hecke, een uit Brussel afkomstige ingenieur die later naar Parijs verhuisde, worden genoemd. Rond 1858 presenteerde hij zijn 'systeem van werktuigelijke luchtversching', dat volgens hem overal kon worden toegepast. Aanvankelijk werd zijn benadering als het nec plus ultra van de luchtverversing gezien en veel toegepast.[85] Lange tijd werden luchtverversing en verwarming als een twee-eenheid behandeld. Verwarming, met als plezierig resultaat luchtverversing. Bij Van Hecke was luchtverversing hoofdzaak, waaraan de verwarming ondergeschikt werd gemaakt. Hij ondersteunde de verversing als gevolg van temperatuurverschillen op mechanische wijze. In de kelder werd een calorifère gestookt die buitenlucht verwarmde. Door kanalen steeg de warme lucht omhoog en werd de ruimten binnen geleid door een soort van kast, waarin met water gevulde bekkens ter verhoging van de luchtvochtigheid. Door andere kanalen werd de lucht afgevoerd naar een op de zolder geïnstalleerde koker met ventilator. De ventilator liep op een stoommachine die in de kel-

Het systeem Van Hecke zoals dat werd toegepast in het hospitaal 'Necker' te Parijs. Uit: Bouwkundige Bijdragen, 1863.

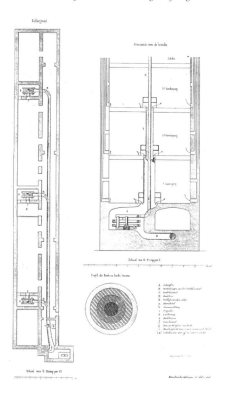

der stond. 'De beweging wordt vandaar door een riem zonder einde overgebracht naar de zolderverdieping.' De lucht werd 'door trekking' ververst. Later werd de ventilator ook gebruikt om de buitenlucht naar de calorifère te drijven. In Parijs paste Van Hecke zijn systeem toe in het Beaujon ziekenhuis. In Nederland was W.N. Rose voor dit systeem van Van Hecke in Nederland 'geoctrooijeerde'.[86]

In Leiden liet Rose in de Studenten Sociëteit zo'n systeem aanleggen. De sociëteitsruimte was lang, smal en vier meter hoog. 'Er worden somtijds 400 sigaren gelijktijdig gerookt, waarvan de rook zonder togt moet geëvacueerd worden.' Daartoe moest volgens Rose per minuut 300 kubieke meter verse lucht worden aangevoerd om in ruim twee minuten tijd de zaal te verversen. Deze kwam in het midden van de vloer door een rooster met 'eene verplaatsbare klep' de ruimte binnen. Er kon naar behoefte koude of warme lucht worden ingevoerd. 'De beweegkracht wordt voortgebracht door een man die eene kruk omdraait.' Volgens bezoekers was de 'togt' boven de opening goed merkbaar. Ook de zittingzaal van de Tweede Kamer der Staten Generaal in Den Haag was door Rose voorzien van een dergelijk systeem. Evenals in Leiden werd de ventilatie met handkracht gaande gehouden. In de Tweede Kamer was dat, gezien de gemiddelde zittingsduur, in de regel vijf uur dat iemand de zorg had voor 'de ronddraaijing van den krukarm'.[87] Verder installeerde Rose het systeem in het hoofdgebouw van Bronbeek, het Ministerie van Koloniën, in een deel van de Hoge Raad, het Magazijn voor Geneesmiddelen van het Ministerie van Oorlog en in de Algemene Landsdrukkerij.[88]

Het succes van het systeem Van Hecke stond overigens ter discussie. Zo schamperde Logeman over een schitterend 'fiasko' van het systeem Van Hecke in een zeker publiek gebouw in Den Haag. In Frankrijk werden door Morin in 1861 twee installaties onderzocht die Van Hecke in Parijse ziekenhuizen had geïnstalleerd. Het maakte volgens de onderzoeker niet uit of de ventilator werkte of stilstond: in beide gevallen werd dezelfde hoeveelheid lucht aan- en afgevoerd.[89] Luchtverwarming heeft uiteindelijk bij ons, in tegenstelling tot bijvoorbeeld de Verenigde Staten, in het woonhuis geen opgang gemaakt. In 1887 werd de mogelijkheid nog wel genoemd, maar werd er als nadeel vermeld dat de lucht 'nog al licht bedompt' rook. Bovendien werd het hoofd beter verwarmd dan de voeten. Verwarming met hete lucht alleen was niet aan te bevelen.[90] Zo werd rond 1870 in 's-Gravenhage de luchtverwarming in de wachtkamers van het station van de Nederlandsche Rijnspoorweg weer vervangen door kachels, omdat de reizigers hun ledematen liever daaraan warmden.[91] Rond 1900 hadden de warmwater- en

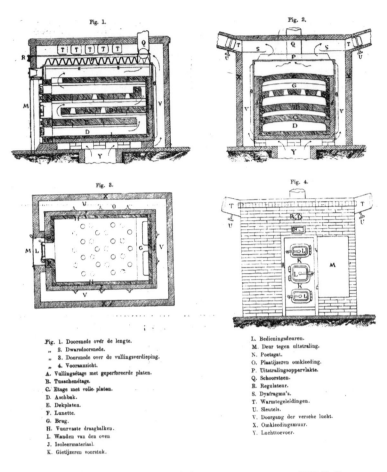

Fig. 1. Fig. 2.

Fig. 3. Fig. 4.

Fig. 1. Doorsnede over de lengte.
 „ 2. Dwarsdoorsnede.
 „ 3. Doorsnede over de vullingsverdieping.
 „ 4. Vooraanzicht.
A. Vullingsétage met geperforeerde platen.
B. Tusschenétage.
C. Etage met volle platen.
D. Aschbak.
E. Dekplaten.
F. Lunette.
G. Brug.
H. Vuurvaste draagbalken.
I. Wanden van den oven.
J. Isoleermateriaal.
K. Gietijzeren voorstuk.

L. Bedieningsdeuren.
M. Deur tegen uitstraling.
N. Poetsgat.
O. Plaatijzeren omkleeding.
P. Uitstralingsoppervlakte.
Q. Schoorsteen.
R. Regulateur.
S. Dyafragma's.
T. Warmtegeleidingen.
U. Sleutels.
V. Doorgang der versche lucht.
X. Omkleedingsmuur.
Y. Luchttoevoer.

'Oven met geperforeerde steenplaten', een luchtverwarmingssysteem van W.H.V. Desmons uit Maastricht. Uit: Bouwkundig Weekblad, 1893.

stoomverwarming de luchtverwarming geheel verdrongen. 'De lucht was te droog en soms bezwangerd
met verbrandingsgassen uit den oven, zoodat dan een
hoogst onhygiënische toestand intrad.'[92]
In de negentiger jaren kwam W.H.V. Desmons uit
Maastricht met een nieuw luchtverwarmingssysteem
door middel van een 'oven met geperforeerde steenplaten'. Het ging hierbij om een Frans patent uit 1887
van Michel Perret uit Parijs. In een bakstenen ommetseling bevond zich een oven waarin etagegewijs drie
vuurvaste platen. Deze waren behoudens de onderste
doorboord. Belangrijk was dat de oven goed dicht was.
Daarom was de ruimte tussen de vuurvaste steen en
de metalen omkleding gevuld met aangestampte
leem. Deze constructie moest voorkomen dat de – van
onderen aangevoerde – te verwarmen lucht, die tussen de oven en ommetseling circuleerde, niet werd
verontreinigd door rookgassen. Na verwarming werd
de lucht door kanalen naar de vertrekken afgevoerd.
Als brandstoffen dienden gruis van antraciet, cokes of
magere kolen. Eenmaal op de vuurplaat geworpen,
zakte het gedeeltelijk door de openingen naar een lager gelegen plaat, waar zich brandstofkegels vormden.

De verwarming 'kan door een vrouwelijke dienstbode
geschieden' en als bewijs daarvoor werd aangevoerd
dat in het Maastrichtse Urselinenklooster een werk-
zuster het stoken voor haar rekening nam.[93]
Ook in onderwijskringen waren ventilatie en verwarming van klaslokalen een geliefd onderwerp. Van
Lummel, Pous, Koolhaas en Coronel waren in dat verband bekende namen.
Het was de Haarlemse instrumentmaker en leraar wis-
en natuurkunde W.M Logeman die al in 1858 een systeem aanbracht in een Haarlemse 'kost- en dagschool
voor jonge jufvrouwen'. Dat gebeurde met een om-
mantelde Pécletkachel. Door een buis werd frisse buitenlucht aangevoerd naar de mantel. Na verwarming
circuleerde de lucht door het lokaal, waarna deze door
een ventilatieschoorsteen het lokaal verliet. Het voorbeeld van Logeman werd in Haarlem op enkele scholen gevolgd.[94]
Willem Martinus Logeman (1821-1894) was een veelzij-
dig man. Geschoold in de instrumentmakerij en veel
kennis hebbende van wis- en natuurkunde, had hij
nauwe banden met de Teylersstichting in Haarlem.
Zijn permanente magneten bevinden zich nog steeds
in het Natuurkundig Kabinet. Hij assisteerde professor
Van Breda bij zijn proefnemingen. Zijn vermogen om
de wetenschap te populariseren, kwam hem uitstekend
van pas bij het tijdschrift Album der Natuur, waaraan
hij lange tijd was verbonden. Hij was oprichter van
'Wonen en Werken', een instelling die zich bezighield
met de education permanente van de arbeidersklasse.[95]
Minder bekend is zijn betrokkenheid bij het prille begin
van de kunstmatige ventilatie en verwarming. Behalve

*Verwarming en ventilatie van een schoollokaal met behulp van de winter-
en zomerschuif. Uit: L.M. Moolenaar: Ventilatie en verwarming van
scholen, 1898.*

W.M. Logeman (1821-1894).

bij scholen, had hij zijn expertise ook ingebracht bij de verwarming van kerkgebouwen. Reden genoeg voor architect Hamer hem te betrekken bij de installatie van de centrale verwarming van het Diaconie Oude Vrouwen- en Mannenhuis te Amsterdam.

Het waren Gedeputeerde Staten van Zuid Holland die in 1860 er toe overgingen gemeente- en schoolbesturen ventilatiekachels aan te bevelen naar de inzichten van schoolopziener Oudemans. In 1860 begon de Utrechtse lector Gunning met zijn CO_2-bepalingen in Amsterdamse armenscholen. Op grond van zijn bevindingen was hij er voorstander van de lokalen te voorzien van het systeem van Van Hecke, wat in de praktijk wel erg duur uitviel, omdat naast de hoge aanschafkosten het apparaat door een volwassene bediend moest worden. Reden voor Gunning om uiteindelijk toch een ventilatiekachel te adviseren.

In 1868 ging de lagere school aan het Domplein in Utrecht over op het bekende systeem van Boyer. In de kelder van de school werd een kachel neergezet en door een buizensysteem bereikte de warme lucht via vloeropeningen de lokalen. De bedorven lucht verdween via openingen in het plafond.

In Delft experimenteerde Levoir, hoogleraar aan de toenmalige Polytechnische School, met ventilatiekachels. De methode Péclet werd in een enigszins gewij-

zigde vorm toegepast in zijn laboratorium. Hij plaatste de kachel voor een gat in de buitenmuur, waardoor verse lucht werd aangezogen, die na verwarming door het vertrek circuleerde. De reeds genoemde J.M. Van Bemmelen, op dat moment directeur van een HBS in Arnhem, experimenteerde verder en zijn werk verkreeg landelijk grote bekendheid. Hij verkreeg verse buitenlucht door zijn mantelkachel aan de raamzijde van het lokaal te plaatsen. Nadat de verwarmde lucht door het lokaal had gecirculeerd, verdween deze door een trekschoorsteen die tegenover de ramenwand was aangebracht. In deze trekschoorsteen bevonden zich twee openingen, een boven voor ventilatie in de zomer en een onder voor de ventilatie in de wintermaanden: de zogenaamde zomer- en winterschuif. Bij weinig wind werd in de zomer een zogenoemd lokvuur ontstoken in de trekschoorsteen om de lucht beter af te voeren. Het systeem ging de geschiedenis in als het systeem Levoir-Van Bemmelen.

Ook het in 1879 ingediende rapport van de Staatscommissie Salverda sprak zich uit voor een kunstmatige ventilatie. De commissie had als taak de regering te adviseren over voorschriften voor de bouw en inrichting van scholen. Zij was voorstander van het systeem Levoir-Van Bemmelen. Van lieverlede vond dit ventilatiesysteem ingang op talrijke scholen. Voor Mastboom was het in 1899 onbegrijpelijk dat het systeem, waarbij ramen altijd gesloten bleven, zo'n algemene toepassing kon krijgen. Hij propageerde een natuurlijke ventilatie door de bovenramen naar beneden te schuiven. Enkele jaren later kwam Swaab tot identieke inzichten[96]

Plattegrond van 'Burgerschool voor lager onderwijs', in 1865 gebouwd te Brielle. In drie lokalen zijn de roosters aangegeven waarop in de winter grote kachels met dubbele mantels werden geplaatst. Uit: Bouwkundige Bijdragen, 1870.

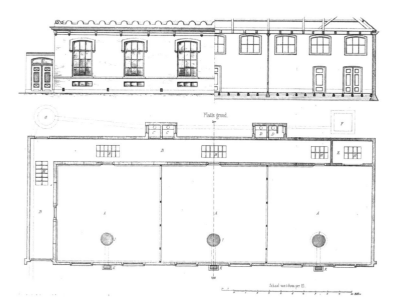

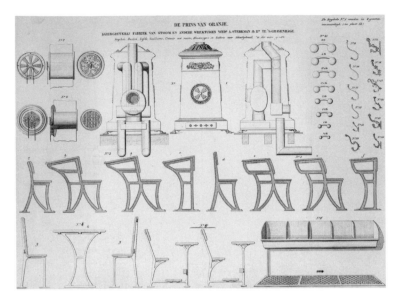

Gietijzeren producten voor schoolgebruik, waaronder een kachel en ventilatoren. Uit: catalogus van de Prins van Oranje, plaat 89, z.j.

Schoollokalen moesten 'minstens eenmaal gedurende elken schooltijd van drie uren door de leerlingen ontruimd en op voldoende wijze van versche lucht voorzien'. Ook hier was een kunstmatige ventilatie geboden.[97]

Rond 1880 werden in het nieuwe gymnasium te Nijmegen door architect J.J. Weve voor de verwarming en ventilatie van de lokalen 'thermoconservateurs' toegepast, van Geneste & Cie uit Parijs, die verwarmde buitenlucht binnen voerden. Dat gebeurde door geteerde houten kanalen onder de bevloering. De kanalen voor luchtafvoer waren in de spouwmuren opgenomen en werkten op basis van de temperatuurverschillen tussen binnen en buiten. De thermoconservateurs, die *f* 95.00 kostten, bestonden uit 'een centralen vuloven, door vlampijpen, en het geheel wederom door een dubbelen mantel omgeven. Ze zijn geplaatst boven de uiteinden der toevoerkanalen, en voeren de verwarmde lucht door openingen aan het boveneinde van de mantel binnen. Voor waterverdamping is gezorgd.' Het geheel werd met cokes gestookt.[98]

Luchtkachels voor scholen en vergaderzalen van J.H. Wildeman, Dordrecht. Uit: Bouwkundig Weekblad, 1881.

Stoom-, warmwater-, en heetwater-verwarming

Bij centrale verwarming denken we tegenwoordig vooral aan warmtetransport door een met water gevuld leidingensysteem. Het principe is eenvoudig: een verschil in soortelijk gewicht tussen koud en warm water is er de oorzaak van dat er een natuurlijke circulatie ontstaat. Warm water stijgt op uit de warmtebron om na warmteafgifte in de radiatoren terug te stromen, waarna de cyclus opnieuw begint. De watercirculatie ontstaat dus door een opeenvolging van verwarmen en afkoelen. Door een pomp aan te brengen, wordt de circulatie een handje geholpen: kunstmatige of geforceerde circulatie. Bij stoomverwarming heeft de warmteoverdracht plaats door waterdamp. Het stookbedrijf heeft bij centrale verwarming buiten de te verwarmen vertrekken plaats.

Tegen de achtergrond van de voortschrijdende toepassing van stoom in de 18e eeuw, is het niet verwonderlijk dat deze nieuwe energie ook voor verwarmingsdoeleinden in beeld kwam: stoomverwarming. De oudste mededelingen daaromtrent gaan terug tot 1745, toen kolonel William Cook een referaat hield voor de Royal Society in Londen. Hij presenteerde daar een plan dat voorzag in de verwarming van een huis. Vanaf een in de keuken opgestelde koperen ketel werd stoom door koperen, dan wel loden pijpen achtereenvolgens door acht kamers geleid. Kranen regelden de doorvoersnelheid. Gecondenseerde stoom werd door een pijp afgevoerd. In 1784 bracht James Watt het idee in praktijk door een kamer in zijn huis te voorzien van zo'n installatie. Hij gebruikte daarbij een kistvormige radiator, die echter onvoldoende warmte bleek af te geven. Watt liet het er niet bij zitten en samen met zijn partner Matthew Boulton richtte hij Boulton, Watt and Company op, die heel wat verwarmingsinstallaties heeft geleverd. De techniek schreed verder. In 1791 en 1793 werden in Engeland verbeteringen van de stoomverwarming gepatenteerd. Tegelijkertijd zetten de heren Todd en Stevenson de stap om in Glasgow hun fabriek met stoom te verwarmen. In 1799 volgden de textielfabrieken van Dale en McIntosh. Het is juist het gebruik van stoom dat aanvankelijk het systeem in diskrediet bracht door de ervaring dat een min of meer benauwde atmosfeer eigen was aan dit systeem. Dit hield verband met het schroeien van stof dat op de verwarmingslichamen terechtkwam. Ook de mogelijkheden van verwarming met warm water werden beproefd. De eerste berichten spreken van een in Newcastle-upon-Tyne wonende Zweed. Deze zou in 1716 voor de eerste keer met succes een kas hebben verwarmd met warm water. De literatuur gunt echter de Fransman Bonnemain de eer van de eerste warmwaterverwarming. In 1777 ontwikkelde hij zo'n installatie ten behoeve van een broedmachine voor kippeneieren! Compleet met ketel, expansievat en vuurregeling. In datzelfde jaar ontwierp hij een verwarmingssysteem voor de kas van de Jardin des Plantes in Parijs.[99] Jean Frédéric, Marquis de Chabannes, installeerde in 1819 in Londen de eerste warmwatersystemen in twee woningen. De verwarmingsketel combineerde hij met een keukenfornuis, een oplossing zoals die vooral in het begin van de 20ste eeuw in zwang zou komen.[100] Na het voorgaande warmwatersysteem ontwikkelde zich in Engeland nog een tweede: de verwarming met heet water, waarop Perkins in 1831 patent verkreeg. Bij het eerste sprak men over een systeem met 'lage drukking' en bij het tweede over 'hoge drukking'. Bij lage drukking had men te maken met water dat om en nabij de 100° C werd verwarmd. Hoogdrukverwarming werkte met water van boven 100° C.[101] De daaropvolgende jaren werden vooral broeikassen en oranjerieën met een warmwaterverwarming uitgerust. Pas in de veertiger jaren van de 19e eeuw zien we dat in Frankrijk de eerste warmwaterverwarmingen voor huiselijke doeleinden werden aangelegd. Duitsland volgde pas in de zestiger jaren. In die tijd bestonden de ketels, leidingen en verwarmingslichamen geheel uit koper. In vervolg daarop werden ketels en verwarmingslichamen in smeedijzer uitgevoerd, terwijl de leidingen werden gegoten. De verwarmingslichamen werden met loden buizen op de ringleiding aangesloten. De warmwatersystemen hadden rond 1860 eigenlijk geen veranderingen ondergaan sinds hun uitvinding en beperkten zich voornamelijk tot de wijze waarop het water de verwarmingslichamen bereikte: men onderscheidde waterverdeling van boven, van onderen, en een één-buissysteem.[102]

In 1820 werd in ons land centrale verwarming onderwerp van wetenschappelijke bezinning. De Hollandsche Maatschappij der Wetenschappen in Haarlem schreef een prijsvraag uit over verwarming van kassen door middel van buizen met stoom. Vier jaar later werd de inzending van W. Baily uit Londen bekroond.[103] In 1829 publiceerde professor G. Moll uit Utrecht zijn studie 'Over het verwarmen van Stookkassen met heet water'. De eerste berichten over een centraal verwarmd woonhuis gaan terug tot het einde van de dertiger jaren van de 19e eeuw. De bekende Amsterdamse bankier en collectioneur van schilderijen, Adriaan van der Hoop, had zijn woonhuis op Keizersgracht 446 laten voorzien van een warmwaterverwarming.[104] Op zich niet verwonderlijk, want hij had op zijn landgoed Sparenberg in Santpoort al kennis gemaakt met deze nieuwe techniek bij de verwarming van zijn plantenkas en Moll had daar aandacht aan besteed in voornoemde publicatie. Het concept

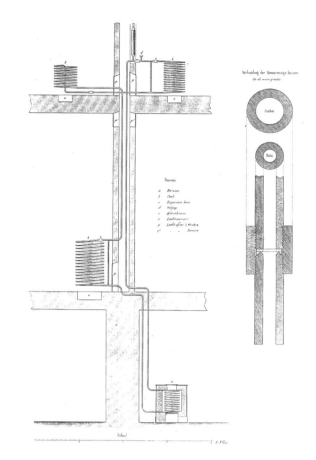

Het systeem Perkins. Uit Bouwkundige Bijdragen, 1862.

van de kasverwarming was kennelijk geschikt gemaakt voor zijn woonhuis 'waarin het verwarmingstoestel op eene verdieping hooger geplaatst is, dan de waterketel, die, in een gemetseld fornuis gevestigd zijnde, aan het onderhuis warmte verschaft, terwijl gang en groote vertrekken daarboven gelegen insgelijks door een en hetzelfde vuur verwarmd worden'. In zijn huis stonden twee van die 'toestellen' en Van der Hoop had er in de maand januari 1838 plezierige ervaringen mee opgedaan.[105] We zien dat de centrale verwarming nog niet vanuit een punt het huis verwarmde, maar dat er per verdieping een eigen voorziening was. In 1844 kreeg A.G. Brade te 's-Gravenhage een patent op een methode gebouwen door middel van heet water en stoom te verwarmen.[106] Een schoorvoetend begin. Pas na 1850 komen verwarming en ventilatie gaandeweg meer in de belangstelling te staan bij architecten en technici. Ook de Nederlandsche maatschappij ter bevordering van Nijverheid speelde in op de groeiende belangstelling en loofde een gouden medaille uit voor een goede handleiding om 'woningen, publieke gebouwen, zoo als koffijhuizen en concertzalen te verwarmen en te ventileren'. Reacties werden in september 1859 tegemoet gezien. Het Provinciaal genootschap van kunsten en wetenschappen in Noord-Brabant kon niet

achterblijven en kwam in hetzelfde jaar met een prijsvraag over de beste manier om gebouwen te ventileren
en stelde, naast een gouden medaille, f 150,– beschikbaar.[107]

In de Bouwkundige Bijdragen werd voor het eerst
meerdere keren uitgebreid aandacht besteed aan
'kunstmatige verwarminginrigtingen'. In 1858 achtte
de redactie het opportuun een vertaling van Godefroy
uit het Zeitschrift für Bauwesen op te nemen over de
verwarming van het Augustijnerklooster in Maagdenburg, gezien het wisselende succes van de centrale verwarming. Reden om het allemaal eens voor de vader-
landse architecten op een rijtje te zetten. De bedoeling
van Godefroy was om zijn lezers eens duidelijk uiteen
te zetten wat nu de grondslag van het stelsel was. 'Uitgaande van een generator waarin de bron der ontwikkelde warmte gelegen is, deelt het verhitte water, door
middel van de wanden der buizen waarin het besloten
is, zijne warmte aan de omringende luchtlagen mede,
en wordt zoodoende kouder naar mate zijne verwijdering van de oorspronkelijke warmtebron grooter is.
Het verschil in warmtegraad van het water, door deze
afkoeling veroorzaakt, geeft aan zijne eigene deelen al-
lengs eene verschillende soortelijke zwaarte, welke de

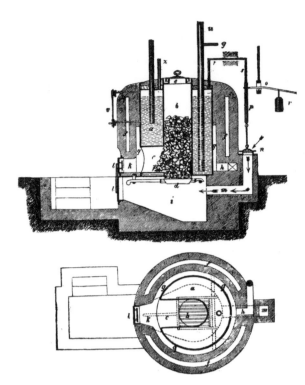

*Doorsnede ketel lage druk stoomverwarming systeem Bechem & Post,
inclusief 'drukregulateur'. Uit: Bouwkundig Weekblad, 1885.*

*Het systeem Perkins. Uit: C. Hood: Die Warmwasserheitzung mit
Ventilation, 1847.*

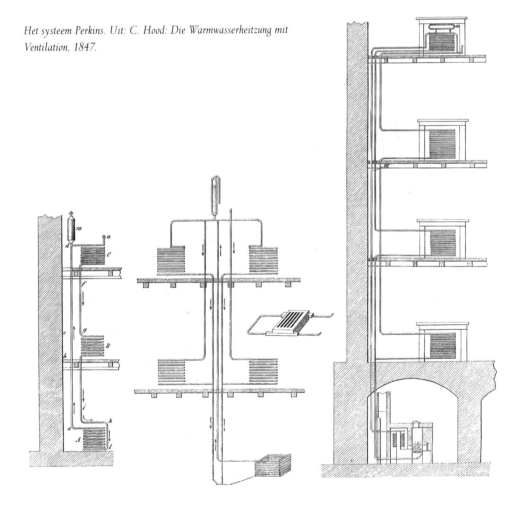

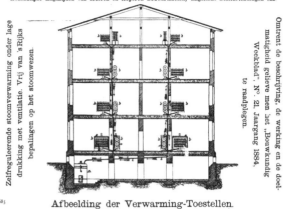

Patent-Centrale Verwarming en Ventilatie.
Systeem van BECHEM & POST, te Hagen (Westphalen.)
Speciaal Vertegenwoordiger · **D. S. M. KALKER, Amsterdam.**
Koninklijke Magazijnen van IJzeren en Koperen Bouwartikelen, Engelsche Stalinrichtingen enz.

Zelfreguleerende stoomverwarming onder lage drukking met ventilatie. Vrij van 's Rijks bepalingen op het stoomwezen.

Omtrent de beschrijving, de werking en de doelmatigheid gelieve men het „Bouwkundig Weekblad", N°. 21, Jaargang 1884, te raadplegen.

2685

Afbeelding der Verwarming-Toestellen.

Dit reeds zoo gunstig bekende systeem van **Verwarming en Ventilatie** is o. a. toegepast in het **Slot „Biljoen",** te *Velp,* bij *Arnhem.* — Het Hotel **„International",** te *Berlijn.* — Het Hotel **„du Nord",** te *Keulen.* — De woning van den Heer C. FELLINGER te Gladbach, — De woning van den Heer OTTO BURMESTER, te Altona. — Het **Stadhuis** te *Dusseldorf,* enz. enz.

Het lage druk stoomverwarmingssysteem Bechem & Post: 'afbeelding der Verwarmings-Toestellen'. Uit: Bouwkundig Weekblad, 1885.

oorzaak is van de aanhoudende strooming van het water in de verwarmingsbuizen, en waardoor het achtereenvolgens door al deze buizen weder naar den generator wordt teruggevoerd, om opnieuw verwarmd dezelfde beweging te herhalen.' Om de volumeverandering van het water te compenseren, was een 'uitzettingsvat of de expansievaas' nodig. Veranderingen in de buizen als gevolg van temperatuurwisselingen werden opgevangen door 'pakkingbossen' of 'compensatiestukken'. Gegoten ijzer was het materiaal dat het beste voor een heetwaterverwarming gebruikt kon worden, omdat het niet oxideerde wanneer in de zomer de toestellen met water gevuld waren. Het water verloor haar warmte en dat betekende dat hoog in het gebouw de gietijzeren kachels 'eene naar evenredigheid groote verwarmingsoppervlakte' hadden.[108]
Veel bekendheid genoot de 'heetwaterverwarming met hooge drukking' van de Amerikaan Perkins die in 1818 naar Engeland was geëmigreerd. Jacob Perkins was een inventief man en nadat zijn zoon zich in 1827 bij hem had gevoegd, werd alle energie gestoken in een verwarmingssysteem waarop hij in 1831 patent kreeg.[109] In 1838 werd het systeem in Frankrijk geïntroduceerd; daarna volgde Denemarken en tenslotte Duitsland waar het rond 1860 veel werd toegepast.[110] Het systeem bestond uit een lange buis waarin geen afzonderlijk verwarmingslichamen voorkwamen. Daar waar veel warmte moest worden afgegeven of opgenomen – zoals in de kamers en in de 'calorifère' – werd de oppervlakte ter plekke vergroot door de buis in een vlakke spiraal te leggen; een zogenoemde 'coil'. Het water werd beneden in de kelder op een temperatuur van

170° C gebracht, alwaar een gedeelte van de pijp, in een vlakke spiraal gelegd, in het vuur lag. De buis moest tegen een hoge druk bestand zijn en daarom hadden de zogenaamde Perkins-buizen zeer dikke wanden. Het waren ijzeren pijpen, die uit lange stroken middels wellen werden gemaakt. Om geen problemen met de welnaad te krijgen, werden de buizen door een trekplaat gehaald. De onderlinge verbinding kwam tot stand met behulp van 'sockets', waartoe aan de pijpen een linkse en een rechtse draad werden gesneden. Het systeem was goedkoper dan de gewone lagedrukverwarming die grotendeels van koper was gemaakt. Toch kleefden aan het systeem nadelen. De temperatuurregeling was niet eenvoudig, maar vooral de kans op ontploffing zou reëel zijn.[111] In 1861 deelde C.S. van Geuns een en ander mede over het inmiddels door Longbottom gewijzigde systeem. Van Geuns was door W.N. Rose in aanraking gekomen met het systeem Perkins. Groot voordeel was volgens hem dat de warmte 'naar alle mogelijke rigtingen' geleid kon worden en dat alle verdiepingen gelijkertijd verwarmd konden worden! In Den Haag werd het systeem in tal van openbare gebouwen aangelegd. Rose had in zijn functie van rijksbouwmeester 1320 meter pijp aangelegd om in het Algemeen Rijksarchief in Den Haag een aangenaam binnenklimaat te scheppen. In de kelder stonden twee 'fornuizen'.[112]
In het begin van de tachtiger jaren introduceerde D.S.M. Kalker uit Amsterdam het systeem Bechem & Post uit het Westfaalse Hagen. Het ging om het eerste verwarmingssysteem met stoom onder lage druk dat Bechem in 1878 had ontwikkeld en dat in de tachtiger jaren in ons land veel opgang zou maken. Het 'toestel' had een ingemetselde staande ketel van smeedijzer te midden waarvan zich een 'vullingschacht' met vuurplaats bevond. Van de twee deuren gaf een toegang tot de vuurhaard, de andere tot de asruimte. Tijdens het bedrijf was het toestel geheel luchtdicht afgesloten. De benodigde lucht om het stookproces gaande te hou-

Zadelketel, een ketel voor klein gebruik. Uit: B.H. Thomas: Centrale verwarming en luchtverversching; 1902.

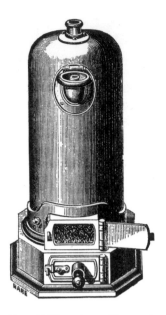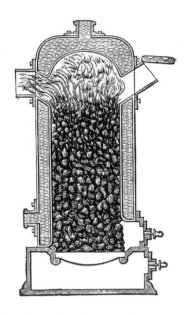

De makkelijk te plaatsen Dom-top-ketel. Uit: B.H. Thomas: Centrale verwarming en luchtverversching, 1902.

ter het Rijksmuseum een warmwaterverwarming getoond van de Antwerpse firma J.L. Bacon en Cie. Het systeem bestond uit een op het laagste punt van het huis te plaatsen vuurhaard, waarop een buizenstelsel werd aangesloten dat door de vertrekken liep. Het waren getrokken ijzeren buizen die door koppelstukken waren verbonden. De diameter van de buizen bedroeg 33 mm bij een wanddikte van 4,5 mm. Op het hoogste punt stond een 'reservoir', waarin een dubbelwerkende klep met veer. Bij overdruk werd de klep geopend en stroomde het water in het reservoir, bij onderdruk opende de klep naar de andere kant en werd water uit het reservoir gelaten. Opmerkelijk, is dat het gebruik van verwarmingslichamen niet werd genoemd. Om eventuele bevriezingsverschijnselen tegen te gaan, was aan het water een soort antivries toegevoegd, waarvan de samenstelling niet bekend was. Het systeem van Bacon werd onder meer toegepast in het station van de Rhijnspoorweg te Utrecht.[114]
Er 'wordt dikwijls van de zoo aanbevelenswaardige

Principe van een ledenketel. Uit: S. Barlow Bennett: A manual of technical plumbing and sanitary science, 1910.

den, werd door een kanaal aangevoerd. Een 'drukregulateur' regelde, afhankelijk van de keteldruk, de luchttoevoer naar de vuurhaard. Naar gelang het vuur brandde en er meer of minder stoom(druk) werd opgewekt, werd de toevoer verminderd of vergroot. In de vertrekken stonden 'gegoten ijzeren registers', de verwarmingslichamen. Deze waren omgeven door dubbelwandige mantels die met een isolerende stof waren gevuld. Van buiten toegevoerde lucht werd binnen de mantel verwarmd en bereikte door een geopende klep het vertrek. De bediening van deze verwarming was zo eenvoudig, dat 'zij gerust aan vrouwelijke dienstboden kan worden overgelaten'. Het vergde per etmaal slechts een half uurtje. De 'aangename en vochtige' warmte zou het systeem geschikt maken voor ziekenhuizen, scholen en openbare gebouwen. Een bewoner van een gemiddeld huis diende f 5000,– op tafel te leggen en er waren er voor wie dat geen probleem vormde, te oordelen naar de in advertenties vermelde installaties.[113]
De mededeling dat bij de stoomverwarming van Bechem & Post een dienstbode slechts een half uur in de weer was, doet vermoeden dat er bij het stoken van een centrale verwarming heel wat kwam kijken. Het lag voor de hand dat dit bij grote instellingen niet direct op problemen behoefde te stuiten: er was een aparte stookkelder en een stoker kon immers het werk doen. Voor particulieren zal het behoorlijke ruimtebeslag van de installatie in de kelder – die vanouds al voor andere doeleinden in gebruik was – en de kennis van het stookbedrijf best problematisch zijn geweest. In Amsterdam werd in 1883 op de Tentoonstelling ach-

centrale verwarming afgezien, op grond van de bediening welke zij vereischt en de moeilijkheid om eene geschikte ruimte te vinden tot plaatsing der verwarmingstoestellen'. Door de verwarmingsketel bijvoorbeeld naar de keuken te verplaatsen, kon veel bedieningsongemak voorkomen worden. Een oplossing was dan deze te combineren met het keukenfornuis. In 1886 maakte het Bouwkundig Weekblad melding van zo'n combinatie die door het Eisenwerk Kaiserslautern op de markt werd gebracht. Een aantrekkelijk alternatief, omdat het inmetselen van de ketel achterwege kon blijven, waardoor de kosten voor de aanleg aanmerkelijk daalden.[115]

Een belangrijke doorbraak in het begin van de negentiger jaren was de door de uit Duitsland afkomstige Josef Strebel ontwikkelde gietijzeren ketel, die aanmerkelijk kleiner en doelmatiger was dan de tot dan toe gebruikelijke stookinrichtingen. De toepassing van het goedkopere gietijzer effende de weg voor massaproductie. Uit afzonderlijk gegoten, identieke ketelleden werd, afhankelijk van het benodigde verwarmend keteloppervlak, een vrijstaande ketel opgebouwd door de ketelleden met nippels aan elkaar te bevestigen. Voor de fronten van de ketel waren speciale uitvoeringen beschikbaar. Elk ketellid bevatte dus onderdelen die, samengevoegd, waterruimten en rookgangen vormden. De ketel, die een groot bedieningsgemak kende, was vrijstaand en behoefde dus niet te worden ingemetseld.[116] In vergelijking met de traditionele plaatijzeren ketel, had die van gietijzer een veel langere levensduur, omdat de aantasting door de zich in het water bevindende chloriden minder was. Met de komst van kleinere ketels werd het voor de particulier aantrekkelijker om over te gaan op centrale verwarming. In het begin van de 20ste eeuw maakte de 'patent excelsior'-ketel opgang in Nederland. Het ging om een staande ketel met boven het vuur een buizenspiraal. De gemakkelijk plaatsbare ketel had de eigenschap snel op te warmen. Klein van omvang en dus gemakkelijk te plaatsen. Het systeem Liebeau voorzag gelijk dat van het Eisenwerk Kaiserslautern in de inbouw van een kleine ketel in een keukenfornuis.[117]

Een bijzonder systeem van warmwaterverwarming in het begin van de vorige eeuw was dat met 'versnelde circulatie'. We moeten bedenken dat de oude systemen geen pomp hadden en dat circulatie alleen het gevolg was van een verschil in soortelijk gewicht tussen het warme water in de aanvoerleiding en het afgekoelde water in de afvoerleiding. Tussen beide waterkolommen bestond dus een drukverschil. Dit verschil vertaalde zich in een bepaalde circulatiesnelheid van het water; zo'n 20 cm per seconde. Die snelheid kon vergroot worden door het warme water in de aanvoerleiding te vermengen met stoom of lucht, waardoor het

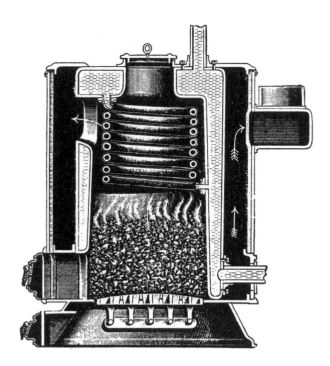

De Excelsiorketel maakte rond 1900 veel opgang. Uit: B.H. Thomas: Centrale verwarming en luchtverversching, 1902.

soortelijk gewicht afnam. Voor de uitvoering van de verwarming had dit een aantal voordelen. Om een bepaalde hoeveelheid warmte af te geven, kon men nu volstaan met een geringere diameter van de buizen en ook voor de verwarmingslichamen kon men volstaan met kleinere afmetingen. Een groot voordeel, was dat men niet langer genoodzaakt was – om het drukverschil tussen beide waterkolommen zo groot mogelijk te maken – de ketel in de kelder te plaatsen. Dat betekende een aanmerkelijke besparing op de aanlegkosten van een kelder. En voor bestaande huizen hield dat in, dat veel breekwerk achterwege kon blijven. Het was de Utrechtse fabrikant H. Zimmer die kort na de eeuwwisseling een nieuw systeem van warmwaterverwarming met 'snelcirculatie' introduceerde op de Nederlandse markt. 'Door de toepassing van eene eenvoudige maar doeltreffende constructie is het mij gelukt, om zoodanig in te werken op de watercirculatie, dat deze tegenover die, gebruikt bij de tegenwoordige warmwaterverwarming beduidend sneller in omloop geworden is', liet hij in een brochure weten. Afgezien van een uitputtende beschrijving van de voordelen, hulde hij zich in stilzwijgen daar waar het ging om technische informatie. 'Mededeelingen hieromtrent zouden toch slechts een zeer betrekkelijke waarde hebben, daar in de berekening van de afmetingen van het toestel het geheim der goede werking schuilt.'[118] Hoewel hij de indruk wekte dat het om een eigen vinding ging, moeten we voor de wieg van het systeem van versnelde circulatie naar Kopenhagen,

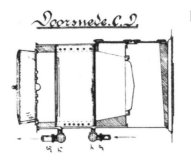

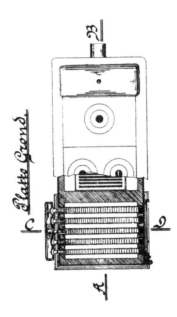

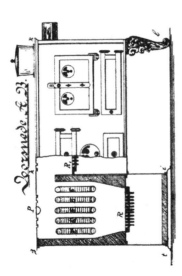

Combinatie van een keukenfornuis en centrale verwarming van het Eisenwerk Kaiserslautern. Uit: Bouwkundig Weekblad, 1886.

waarin 1900 aan Reck een patent werd verleend.[119] Het was dus pronken met andermans veren.

Het voorgaande zou wellicht de indruk kunnen wekken dat centrale verwarming gemeengoed aan het worden was. Deze bleef voorlopig voorbehouden aan

grote instellingen en rijke particulieren. De meeste Nederlanders hebben zich lange tijd gewoon moeten behelpen met de traditionele kolenkachels, die overigens steeds verder werden geperfectioneerd. 'Verwarmingstoestellen op groote schaal ziet men in ons land, op enkele uitzonderingen na, nog slechts in publieke gebouwen, en de ondervinding, die trouwens zeer gemakkelijk is waar te nemen, leert ons, dat de meerderheid der menschen zich nog tevreden stelt met kachels en haarden door grootere en kleinere industrieelen vervaardigd, en waarbij honderdtallen zijn, die, wat constructie betreft, voor hun doel totaal ongeschikt zijn', werd nog in 1882 de lezers van De Opmerker voorgehouden.[120] Zelfs een mededeling uit 1896 over het Wees en oude liedenhuis van de evangelische luthersche gemeente in Den Haag, dat verwarming 'op uitdrukkelijk verlangen' van de regenten door gewone kachels moest geschieden, is illustratief voor het feit dat de nieuwe manier van verwarmen niet bij alle instellingen gemeengoed was.[121] De ontwikkelingen in het Amsterdamse hotelwezen zijn in dit verband verhelderend. Toen het prestigieuze Amstelhotel zijn deuren opende in 1867, werden de kamers verwarmd door gietijzeren haarden. De grote hal had een luchtverwarming, waarbij gebruik werd gemaakt van een calori.re. Hotel Mast adverteerde in 1880 met caloriëre-verwarming op alle kamers; ook hier dus luchtverwarming. Pas in de jaren '90 gingen de Amsterdamse hotels over op stoomverwarming. De kachel was daarmee niet geheel van het toneel verdwenen. Hotel de l'Europe had nog in tien kamers porseleinen kachels die vanaf de gang werden gestookt. Op het naambord van het hotel prijkte de vermelding: 'stoomverwarming'. Het American bood zijn gasten de mogelijkheid de stoomverwarming 'om der wille van de gezelligheid door een prettig haardvuurtje' te vervangen.[122]

Het maken van een centrale verwarming was geen werk voor amateurs, zo liet de vakpers de lezers weten. Zonder kennis van toegepaste natuurkunde behoorde de installatie van een goed werkende centrale verwarming tot de onmogelijkheden. Daar waar tot nu ervaring en vakmanschap voldoende waren geweest voor een goed resultaat, vormde nu een deugdelijke theoretische achtergrond een vereiste om iets tot stand te kunnen brengen. En met die theoretische onderbouwing liep het niet zo'n vaart. J.L. Terneden moest in 1873 constateren dat de theoretische kennis te wensen overliet: 'omdat zij in de practijk nog niet genoeg toegepast (is) en hare formulen, uit gebrek aan bruikbare coëfficiënten, nog te weinig aangewend kunnen worden.' De opmerking van Terneden illustreert dat, ondanks allerlei — vooral buitenlands — onderzoek, de praktijk van alledag nog

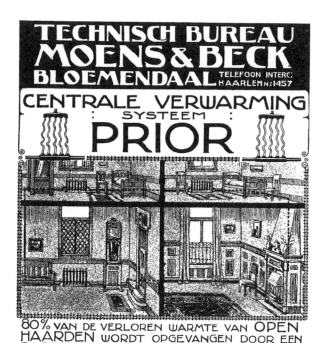

Advertentie van het technisch bureau Moens & Beck te Bloemendaal.
Uit: Het Huis Oud & Nieuw, 1907.

met vele moeilijkheden had te kampen. Daarvoor ontbraken 'door de nieuwheid van de verschillende uitkomsten en door de moeilijkheid van het in rekening brengen van de voor iedere plaatselijke gesteldheid veranderlijke verhoudingen, tot heden nog betrouwbare gegevens'.[123] In 1908 keek C.A. Huygen, ingenieur te Rotterdam, terug op de ontwikkelingen binnen het vak. Hij herinnerde zich het natuurkundeboek van A. Ganot uit zijn schooljeugd rond 1870, waarin het gehele vraagstuk van de centrale verwarming in zes bladzijden werd behandeld. Een benadering waarbij nog geen sprake was van enig inzicht in de transmissieleer, noch rekening werd gehouden met de buitentemperatuur, het aantal ramen en de samenstelling van de muren en wanden. Kortom, de problematiek werd gereduceerd tot het aantal te verwarmen kubieke meters en daar was de kous mee af. Bij het maken van een zogenoemde transmissieberekening – de grondslag voor een centrale verwarmingsinstallatie – wordt het duidelijk hoeveel warmte aan de verschillende ruimten moet worden toegevoerd om een bepaalde warmtegraad te bereiken en te kunnen onderhouden, waarbij uitgegaan wordt van een bepaalde minimale buitentemperatuur. Ook de opleidingen van architecten kwamen er, voor wat betreft het onderdeel verwarming, niet goed af. Zo werd tot vóór 1907 zelfs aan de toenmalige Technische Hogeschool te Delft niet of slechts

terloops aandacht besteed aan de hygiëne en verwarmingstechniek. Bovendien werd de verwarming sterk ondergeschikt gemaakt aan de eisen der esthetiek: alles wat van doen had met de centrale verwarming werd aan het gezicht onttrokken. Huygen sprak zelf van het tijdperk van de 'nauwe pijp'. Installateur en architect stonden op gespannen voet. Maar dat behoorde na 1900 gelukkig tot het verleden, volgens Huygen.[124]

Ook de komst van de gashaard heeft de introductie van de centrale verwarming wellicht concurrentie aangedaan. In het tijdschrift de Volksvlijt van 1887 werd vermeld dat, naast de gebruikelijke wijzen, de Siemens gashaard 'het meest geschikte middel' zou zijn om het huis te verwarmen. Er werd wel meteen bij vermeld dat het niet goedkoop was. Over centrale verwarming werd in het artikel met geen woord gerept.[125] Het was een tijd waarin vele gaskachels op de markt verschenen. Op een tentoonstelling van gastoestellen, die in 1887 in Den Haag werd gehouden, werden zo'n 100 – hoofdzakelijk Britse – gaskachels getoond. De helft daarvan was afkomstig van W.J. Stokvis uit Arnhem en gefabriceerd door Fletcher en Co uit Warington. Slechts één kachel was van Nederlandse makelij: die van Knoop uit Arnhem.[126] In 1890 werd geopperd dat de Sugg's Charing Cross gaskachel de beste zou zijn, omdat elke brander voorzien was van

Advertentie Joh. A. van Laer te Amsterdam, vertegenwoordiger van de Duitse onderneming J.L. Bacon. Uit: Het Huis Oud & Nieuw, 1907.

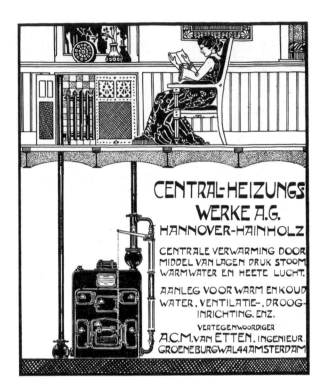

Advertentie van A.C.M. van Etten te Amsterdam, vertegenwoordiger van de Central Heizungswerke A.G. te Hannover-Hainholz. Uit: Het Huis Oud & Nieuw, 1907.

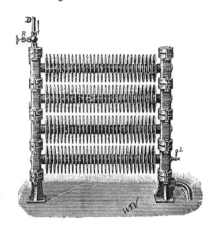

Advertentie van M.P. Mulder te Groningen. Uit: Geïllustreerde gids voor Groningen en omstreken, ± 1900.

een regulateur, waardoor gasverspilling werd voorkomen.[127] Als het aan de Commissie voor de rookvrije verbranding van de Nederlandsche Maatschappij ter bevordering van Nijverheid had gelegen, was Nederland in de negentiger jaren massaal overgestapt op de

'Nieuwe pijpketel voor laagdruk waterverwarming' van Th.A. de Koster uit Amsterdam. Uit: Bouwkundig Weekblad, 1896.

gasverwarmingstoestellen als 'krachtig en zindelijk verwarmingsmiddel'. Uitgaande van het gegeven dat 'rook het meest bijdraagt tot bederf van de atmosfeer', werd een vurig pleidooi gehouden voor de verlaging van de gasprijzen.[128]
De eerste advertenties waarin aandacht werd besteed aan centrale verwarming, verschenen aan het eind van de zestiger jaren. Het sinds 1865 werkzame Duitse bedrijf Ahl en Poensgen uit Düsseldorf bood 'toestellen voor verwarming met heet water (middelbare drukking)' aan.[129] Een aarzelend begin. Vanaf de tachtiger jaren verschijnen meer van deze zakelijke berichten. Pas in het eerste decennium van de vorige eeuw zien we het aantal advertenties met als onderwerp centrale verwarming echt toenemen. Het ging hierbij vooral om buitenlandse ondernemingen. De activiteiten van deze veelal Duitse bedrijven — al dan niet door een plaatselijke agent vertegenwoordigd — werden niet door een ieder gewaardeerd. De uit Groningen afkomstige jezuïet J.G. Jeen gaf in 1882 een brochure uit waarin het opereren van vooral Duitse bedrijven met lede ogen werd aangezien. Hij vergeleek hun installaties met 'bekroonde prullen', die bovendien slecht werden geïnstalleerd. 'Waarlijk te betreuren is 't, dat er geen toezicht bestaan kan op dat jammerlijk gescharrel met alle die bekroningmedailles, met die weidsche titels van aanbevelende surintendants en membres du

colleges dit en dat, van obermedicinalräthe of kaiserliche königliche techniker-civiel-ingenieuren enz. en vooral ook, dat er geen toezicht bestaat op bondgenootschappen, boven den broodkorf gesloten.'[130] Dat Jeen zo uitviel over met name de invloed van Duitse bedrijven, is niet vreemd. Dat land speelde een internationale rol op het gebied van centrale verwarming en luchtverversing. Over de gehele wereld waren het Duitse ondernemingen die grote installaties leverden. Uitzondering hierop vormden de Verenigde Staten waar zich, door beperkende douanebepalingen, een geheel eigen industrie ontwikkelde.[131] Voordat Rietschel's 'Leitfaden zum Berechnen und Entwerfen von Lüftungs- und Heizungs-Anlagen' in 1893 uitkwam, had elk bedrijf een eigen manier voor het berekenen en aanleggen van installaties. Als een kostbaar bezit werden de kennis en kunde angstvallig geheim gehouden. Aan die situatie kwam met de 'Rietschel' een einde. Nu was de kennis in principe voor iedereen toegankelijk en verscheen binnen korte tijd een groot aantal ondernemingen op de markt. Grotere concurrentie had tot gevolg dat verwarmingen in prijs daalden, met gevolg dat fabrieken zich genoodzaakt zagen zich te specialiseren op een of meerdere producten. Tot dan toe had men fabricage en installatie geheel in eigen hand. Er ontstonden nu ook ondernemingen die zich alleen maar toelegden op het berekenen en installeren van verwarmingssystemen. En dat gebeurde niet altijd even professioneel. Ingenieur D. Hartman uit Rotterdam blikte in de twintiger

Radiator zoals die geleverd werd door H. Zimmermann te Utrecht. Uit: De Opmerker, 1904.

jaren van de vorige eeuw nog eens terug op die installaties, 'die ik in mijn prilste jaren als z.g.n. deskundige op centrale-verwarmingsgebied, in elkander heb doen schroeven'. Over kosten van bediening en het te grote brandstofverbruik werd nog niet nagedacht; op zich niet verwonderlijk, 'zoo radicaal was zij verdrongen door het succes, dat behaald werd, dat alle verwarmingstoestellen ten minste warm werden'. En het was onder vakbroeders van Hartman zeker niet gebruike-

Ribbenbuis en de oplegging daarvan op rollen in gemetselde kanalen. De afdekking van de kanalen bestond uit gietijzeren roosters. Uit: B.H. Thomas: Centrale verwarming en luchtverversching, 1902.

'Ribbenkachels' werden in openbare gebouwen vaak voorzien van een vierkante kast met een geperforeerde ommanteling. Uit: B.H. Thomas: Centrale verwarming en luchtverversching, 1902.

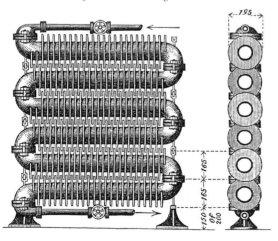

Verschillende 'siermantels' van L. Schütz & Zn uit Zeist, eind 19e eeuw.

lijk om in bijzijn van anderen te voelen of de radiato-ren wel warm werden.[132]

In het begin van de 20ste eeuw zien we in de branche dan ook een gevarieerd beeld. Zo leverde de Wed. J.T. Hunck & Zoon uit Amsterdam centrale verwarmingen volgens 'Amerikaansch systeem'. Het ging hierbij om luchtverwarming. R.S. Stokvis & Zonen uit Rotterdam bracht producten van Käuffer & Co uit Mainz op de markt. Fred. Stieltjes & Co uit Amsterdam vertegenwoordigde de Amerikaanse Sturtevant Engineering Company, Limited.[133] De van oorsprong fabriek van zinken ornamenten F.W. Braat uit Delft had de nodige knowhow op het gebied van de centrale verwarming verkregen door de fabriek van L. Schütz uit Zeist over te nemen. Schütz was zich als fabriek van zinken ornamenten in de negentiger jaren steeds meer gaan toeleggen op de aanleg van lucht- en warmwaterverwarmingen. Dat deed hij samen met een zekere Jacobi. Onder de naam van Nederlandsche fabriek van ventilatie, afkoeling en verwarming werd in Amsterdam aan

Radiator, 'hij dient niet alleen tot verwarming van het lokaal, maar tevens tot het warm houden van spijzen'. Uit: B.H. Thomas: Centrale verwarming en luchtverversching, 1902.

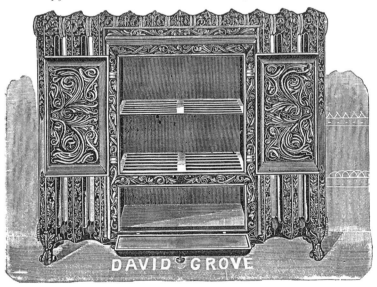

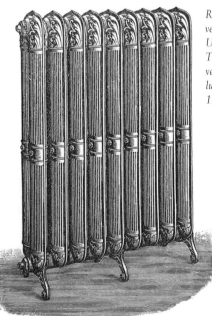

Radiator met versierd oppervlak. Uit: B.H. Thomas: Centrale verwarming en luchtverversching, 1902.

Siermantel in het KattenKabinet. Herengracht 497 te Amsterdam.

'Ideal Radiator' in twee uitvoeringen van R.S. Stokvis en Zonen. Uit: De Industriële gids, 1909.

Reguliergracht 95 kantoor gehouden. Het omgaan met de centrale verwarming was nu zo eenvoudig, dat volgens hem 'iedere dienstbode dit zonder eenig bezwaar kan waarnemen'.[134] De Central-Heizungswerke uit Hannover-Hainholz, die onder meer stoomverwarmingen installeerde, had een eigen kantoor op het

Messing voorzetstuk radiator in schoorsteenmantel, 1912, in de voormalige Nederlandsche-Indische Handelsbank, Singel 250 te Amsterdam.

Rembrandtplein in Amsterdam. De Vries & Stevens uit Leiden, van oorsprong koperslagerij en smederij, had zich inmiddels ook toegelegd op centrale verwarming.[135]

Centraal verwarmen bleef desondanks een elitaire zaak. Uit een uit 1902 daterend overzicht van uitgevoerde werken van R.S. Stokvis & Zonen uit Rotterdam, blijkt dat het werkterrein zich naast kantoren, ziekenhuizen en hotels zich uitsluitend bleef beperken tot villa's. Dit beeld zou zich pas na de Eerste Wereldoorlog gaan wijzigen.

Verwarmingslichamen

Het zijn meestal de ouderwetse radiatoren – officieel verwarmingslichamen – die ons herinneren aan de centrale verwarming van weleer. In de kelders waar het stookbedrijf zich afspeelde, hebben de oude ketels inmiddels het veld moeten ruimen voor meer eigentijdse exemplaren en dat geldt ook voor de meeste radiatoren. Voor zover er nu nog gereviseerde, ouderwetse radiatoren worden aangeboden om het interieur in 'oude luister' te herstellen, zijn die vaak uit het buitenland afkomstig.

De overdracht van warmte in de vertrekken had plaats door middel van ribbenbuizen, ribbenkachels, pijpregisters en reeds genoemde radiatoren. Een verwarmingslichaam in zijn eenvoudigste vorm bestond uit achter elkaar gemonteerde gladde buizen. Het was destijds de methode om in grote gebouwen enige tempe-

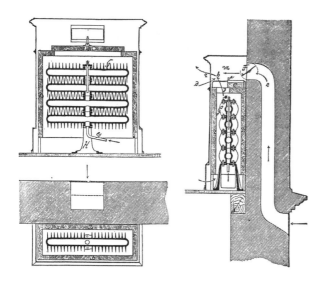

Verwarmingslichaam voor stoomverwarming. Opgevoerde buitenlucht wordt boven in de manteling verwarmd. Uit: B.H. Thomas: Centrale verwarming en luchtverversching, 1902.

ratuurverhoging te krijgen. Door in de buis een vlakke spiraal te leggen, werd een pijpslang of pijpspiraal verkregen, waardoor ter plaatse meer warmte kon worden afgegeven. Door op een buis ribben aan te brengen, werd het verwarmend oppervlak per eenheid vergroot: de ribbenbuis. Aanvankelijk werd deze in gietijzer vervaardigd, maar de kwetsbaarheid leidde ertoe dat men op den duur overging op staal, met warm gekrompen en later gelaste ribben. De buizen waren aan de uiteinden voorzien van flenzen, waardoor ze gemakkelijk onderling waren te verbinden. Ribbenbuizen werden veel gebruikt in kassen, scholen, bedrijfs- ruimten, en namen weinig plaats in, daar zij op lage rollen langs de wand werden gelegd. In ruimten waarin men deze buizen aan het zicht wilde onttrek- ken, zoals winkels en musea, werden ze in, in de vloer gemetselde, goten gelegd en afgedekt met gietijzeren roosters die, naast het doorlaten van warmte, schoon- houden en onderhoud mogelijk maakten.

Radiators van de American Radiator Company, verkrijgbaar bij Peck & Co te Amsterdam. Uit: Bouwkundig Weekblad, 1896.

Ribbenkachels kan men opgebouwd voorstellen als stapeling van meerdere speciaal daartoe ontworpen ribbenbuizen die onderling werden verbonden. Het aantal ging de zes niet te boven, omdat anders de bo- venste buizen onvoldoende warmte konden afgeven aan de inmiddels verwarmde lucht die van onderen optrok. Ze werden vaak gebruikt ter verwarming van verse buitenlucht die door speciale kanalen werd aan- gevoerd; dat betekende soms dat de kachel een plekje kreeg onder het vensterkozijn. Andere plaatsen waren de schoorsteenmantel of een nis. Een nadeel van de ribbenkachel, was dat deze niet gemakkelijk was schoon te maken. Voor zover ribbenkachels in woon- vertrekken werden toegepast, werden zij om estheti- sche redenen voorzien van een geperforeerde mante- ling, de zogenaamde 'siermantels'.[136] 'Rippenkörpers' werden rond 1890 geplaatst in de Leidse Stadsgehoor- zaal door de firma Bacon te Berlijn en Elberfeld.[137] Pijpregisters waren opgebouwd uit een samenstel van gegoten ijzeren kasten, onderling verbonden door reeksen getrokken ijzeren pijpen. Ze hadden het voor- deel dat zij bij een groot verwarmend oppervlak een beperkte waterinhoud hadden en daardoor snel aan- warmden. Ze werden meestal geschilderd, maar zel- den of nooit van een manteling of 'omkleding' voor-

Pijpregisters. Uit: B.H. Thomas: Centrale verwarming en luchtverversching, 1902.

De Perfect-luchtverwarmingsketel uit de 100-serie. Het Amsterdamse bedrijf Hunck & Zoon, licentiehouder van het Amerikaanse Rischardson & Boynton Co, plaatste deze calorifère-installatie waarschijnlijk kort na 1900 in het kantoor van Tesselschade Arbeid Adelt te Amsterdam.

zien en waren, in tegenstelling tot de ribbenkachels, gemakkelijk schoon te houden.[138]

De oorsprong van de radiator ligt in de Verenigde Staten. Tegen 1860 werden daar de eerste patenten geregistreerd en twee decennia later werd daar de uit gietijzeren leden bestaande radiator geïntroduceerd.[139] Pas in het begin van de negentiger jaren verschenen de eerste in Europa.[140] De radiatoren stonden aanvanke-

lijk bekend als 'Käufferschen Heizkörpern', vernoemd naar de Duitse fabriek Käuffer & Co uit Mainz, die ze aanvankelijk maakte. Een lid van zo'n radiator bestond uit een of meer verticale holle pijpen: zuilen of kolommen. De leden werden onderling met schroefnippels verbonden. Naar gelang het aantal kolommen, sprak men dan van een, twee, drie of vier-kolomsleden.

Marmeren omkastingen voor verwarmingselementen — waarin uitneembaar rooster — in het Teylers Museum te Haarlem.

Het oppervlak van de radiator was glad of versierd. In ziekenhuizen werden om hygiënische redenen gladde exemplaren meer gebruikt, terwijl de decoratieve veelal in eetkamers en vestibules werden geïnstalleerd. Bijzonder was de uitvoering met een ingebouwde spijs- of bordenwarmkast.

In 1896 adverteerde Peck & Co uit Amsterdam als eerste in ons land met 'radiators' van de American Radiator Company.[141] Dat de radiator nog niet direct gemeengoed was, valt op te maken uit de in 1899 uitgegeven centrale-verwarmingscatalogus van de firma Schütz uit Zeist. Zijn 'uitstralingselementen', waarschijnlijk ribbenkachels, waren duidelijk geen lust voor het oog, omdat in het afgebeelde assortiment alleen 'siermantels' voorkwamen, die gemaakt waren van galvanisch gebronsd zink, gesmeed ijzer, brons of koper.[142] De radiator was kennelijk nog niet in het assortiment opgenomen.

In het begin van de vorige eeuw bracht R.S. Stokvis & Zonen radiatoren van de National Radiator Company op de markt, een Engelse producent, die in een aantal Europese landen fabrieken had. Volgens de importeur zou de introductie van deze Ideal radiatoren een einde maken aan de 'onooglijkheid van de oudere modellen', aangezien 'de decoratiekunst van radiators tot zulk een hoogte is gestegen', dat ze goed waren in te passen in het interieur van woning of werkplaats. Ideal radiatoren werden zowel glad als 'geornamenteerd' geleverd. De leden konden op allerlei manieren worden gemonteerd tot hoek -, gebogen -, ronde — en eetkamerradiatoren. Voor het schilderen was bij Stokvis een assortiment emailverven verkrijgbaar. De radiatoren konden in een kleur worden geschilderd, maar men kon ook een accentverschil aanbrengen tussen ornamentering en ondergrond. Daartoe werden twee verschillend getinte verflagen aangebracht. Na het opbrengen van de laatste laag werd de verf met een doek van het ornamentele gedeelte afgeveegd, waardoor de eerste laag weer in het zicht kwam.[143]

Aanvankelijk werden de radiatoren in een tamelijk zware uitvoering gemaakt, maar vorderingen in de gieterijtechniek maakten het mogelijk holle lichamen van geringe dikte te maken en na 1920 kwamen er lichtere uitvoeringen met een kleinere waterinhoud. De National Radiator Company introduceerde zijn 'neo classic radiator'.[144]

Koperen Argandlamp met papieren kapje, 1784-1789, waarschijnlijk uit de werkplaats van W. Parker uit Londen (collectie Teylers Museum, Haarlem).

Verlichting

Toen in de tweede helft van de 19e eeuw, petroleum, gas en elektriciteit als verlichtingsbron in gebruik kwamen, betekende dat een keerpunt op het gebied van de verlichtingstechniek. Tot dan toe was de verlichting van huis of werkplaats in onze ogen nogal primitief: kaarsen en olie en dat zou tot ver in de 19e eeuw ook zo blijven. Een medicus adviseerde om de kaarsen zo op te stellen, 'dat het licht hooger sta dan de oogen, om niet in de vlam te zien'. En verder moest je twee kaarsen gebruiken wanneer je slechte ogen had. 'De losse groene schermpjes van perkament, die men tusschen het licht en de oogen zet, brengen eene te groote schaduw voor de oogen, terwijl aan beide kanten de vrije lichtstralen nadeelig daarbij afsteken.' De beste bescherming tegen kaarslicht bestond uit een 'hoofddeksel met een groenen rand, die twee of drie duim voor het hoofd uitsteekt'. Wat betreft de olieverlichting, betoogde hij dat niet te schitterende of te veel versierde lampen het meest doelmatig waren.[145] De Zeeuw F.Nagtglas wist er ook over mee te praten en keek in 1894 terug op de laatste zestig jaren. Er was veel gebeurd. 'In ouderwetsche gezinnen werden toen meestal kaarsen gebrand, naar haar getal in het oude pond tienen, zessen of vieren genoemd, waarbij snuiters, dompers en zuinigjes noodig waren.' Omstreeks het jaar 1820 kwamen de lampen meer in gebruik; 'eerst de gewone olielamp, toen de Zwitsersche of Argandlamp, welke (.....) een bedwelmend licht verspreidde; daarna de Carcellamp, vervolgens de moderateurs, hier en daar vervangen door camphinelampen, welke na 1859 op hare beurt moesten wijken voor petroleumverlichting, die weder door gas verdrongen werd, dat in de 20ste eeuw wel voor elektrische verlichting plaats zal maken.'[146] En wat dat laatste betreft, had de man een vooruitziende blik. In het navolgende zullen we verder ingaan op een aantal door Nagtglas gesignaleerde ontwikkelingen. Men had dus van lieverlede 'toestellen tot kunstmatige verligting uitgedacht: die, waarin het licht door verbranding van olie en andere ligt brandbare stoffen ontstaat, heeft men lampen genoemd'.[147] Essentieel daarbij was de functie van de pit, omdat olie alleen zonder vlam verbrandde. De voeding van de pit is het gevolg van de capillaire

Bakkers aan het werk bij het licht van tuitlampen (snotneuzen). Uit: Hildebrand: Camera Obscura, 1884.

werking van de olie en dat was met de toenmalige niet-minerale oliën een probleem: deze was te dik om een goede capillaire werking mogelijk te maken. In de praktijk betekende het, dat hoe lager het brandstofniveau in het reservoir van de lamp werd, des te slechter deze ging branden. De oude lampen waren dus niet ideaal: gebrekkige brandstoftoevoer, de helderheid van de vlam liet te wensen over en een pit die snel verkoolde. Bijzonder vervelend was de vette walm die door dergelijke lampen werd verspreid.

Olieverlichting

Brandstoffen

Van oudsher werd voor verlichting olie van plantaardige of dierlijke oorsprong gebruik. Zo leverden lijn-, raap- en koolzaad er eeuwenlang de ingrediënten voor. Van dierlijke oorsprong waren de traan- en visolie. Met name de 'patentolie' was onder onze voorouders een begrip. Dit was heet geperste, geraffineerde olie uit koolzaad. In de 19e eeuw werden deze brandstoffen op den duur geheel verdrongen door producten van minerale herkomst. Uitvinders waren druk in de weer om uit allerlei grondstoffen nieuwe producten

Lichtdrager in het trapportaal van het Teylers Museum te Haarlem. De oude gasbuis is nog in het zicht.

ders en zeilers het euvel van een olielamp: een penetrante petroleumgeur en bij tijd en wijle, als de lamp te hoog staat, de vette roetvlokken. Een probleem dat eigenlijk ook tot het verleden behoort: de reukloze lampolie heeft haar intrede gedaan.

Olielampen

DE TUITLAMP

De tuitlamp, in de 19e eeuw keukenlamp genoemd, was wel de meest eenvoudige olielamp.[149] Een oliehouder waaraan een tuit was gesoldeerd, waarin een ronde ineen gedraaide katoenen pit tot in de olie reikte. Naar mate er in de tuit brandstof verbruikt werd, daalde het niveau in de houder. Omdat van capillaire werking nauwelijks sprake was, werd geregeld bijvullen noodzakelijk, wilde je enig plezier aan de lamp beleven. Door de pit verder uit de tuit te trekken, werd de vlam weliswaar groter, maar nam de verspreiding van de hinderlijke walm toe. Bovendien verkoolde de pit snel. 'Een kind weet dit en iedere keukenmeid brengt het in de praktijk als zij leven in hare walmende lamp brengt door met eene speld de pit uit te halen.' Afhankelijk

Gelijkstroom booglamp AEG (collectie Stichting Energetica, Amsterdam).

samen te stellen. Zo werden distillaten verkregen uit bruinkool, hout, vlamkolen en oliesteen. De teerindustrie maakte fracties zoals 'photogeen' en 'campheen'.

In de Verenigde Staten werd vlak na 1850 van aardolie een bruikbare lampolie gemaakt. Het begin van de moderne olie-industrie begint in 1859 met de ingebruikname van het Pennsylvania olieveld. Rusland volgde in 1873 met het in exploitatie nemen van het bekende Bakoe olieveld. Aanvankelijk werd de Amerikaanse petroleum in blauwe eikenhouten vaten verzonden naar Europa. Het was een gevaarlijk goedje, te oordelen naar de waarschuwing die B&W van Rotterdam lieten uitgaan over de opslag en bewerking van de uit Amerika afkomstige petroleum, 'ook wel aard-, steen- of rotsolie' genoemd. [148] Maar ondanks de komst van de petroleum, kennen ook nu nog vele kampeer-

Groen geverfde lamp van blik met oliereservoir (collectie stedelijk museum de Lakenhal, Leiden).

Detail brander en oliereservoir van lamp op pagina 65 (collectie stedelijk museum de Lakenhal, Leiden).

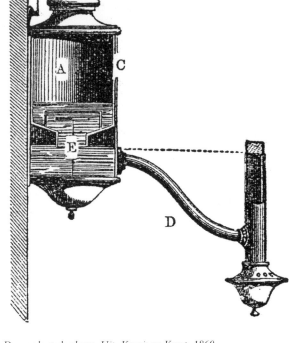

Doorsnede studeerlamp. Uit: Kennis en Kunst, 1869.

van het gebruik, bestonden er verschillende uitvoeringen: de ene had een hoger voetstuk, de andere had een langere tuit. Bijzondere luxe, was dat sommige van deze lampen 'de weelde bezitten van een schroefje tot het uit- en inschuiven der pit'.[150]

DE ARGANDLAMP
De olielampen hadden van oudsher een ronde pit, waarvan de lichtopbrengst gering was, omdat de verbranding van de olie niet optimaal was. Het licht was

De sinumbra- of hanglamp. Uit: Ch. Delaunay: Allereerste gronden der practische en theoretische mechanica, 1866.

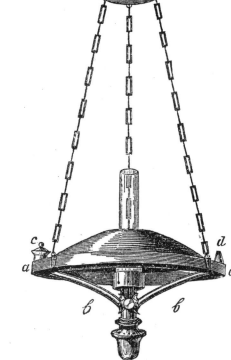

Uitspanning die verlicht wordt met argandlampen. Uit: A. Fokke Simonsz: Amsterdamsche burgers winter avond-uitspanningen, 1808.

het gevolg van gloeiende roetdeeltjes. De invoering
van de platte pit in 1773 door Leger betekende dat de
vlam groter werd. Dé grote uitvinding op het gebied
van olieverlichting was men verschuldigd aan de hor-
logemakerzoon Ami Argand, die in 1784 een Engels
patent kreeg op een brander met een holle, ronde pit;
dat hield in dat een hulsvormige pit tussen de twee
wanden van in elkaar geschoven cilinders kon worden
bewogen. Nu stroomde niet alleen van buiten, maar
ook van binnen lucht toe, waardoor er sprake was van
een betere verbranding en dus meer lichtopbrengst:
het licht was witter. Door een mechanisme kon men
de pit omhoog of omlaag draaien, waardoor de inten-
siteit van het licht werd gereguleerd. Hoewel het hier
slechts ging om een brander, werd al snel gesproken
over Argandlampen, hoewel deze brander ook in andere lamptypen werd toegepast. In 1785 begon de
firma Boulton en Watt in Soho met de productie. Het
was overigens niet Argand die van zijn vinding profi-
teerde: dat waren de apotheker Antoine Quinquet en
met name de zakenman Lange die de lamp tot gemeengoed maakten. Quinquet verbeterde de lichtopbrengst door de invoering van het 'lamp- of trekglas'.
Dit glas, met meestal vlak boven de vlam een insnoe-
ring, beschermde de vlam tegen uitgaan en bovendien
werkte het als een schoorsteen.[151] De in Frankrijk gebruikte naam quinquet werd in ons land verbasterd tot
'kinketlamp'. Bij de 'Argandlamp' was de oliehouder
op gelijke of nagenoeg gelijke hoogte met de vlam geplaatst. Wanneer de houder – die met een buisje in
contact stond met de brander – gevuld was, stond de
olie op gelijke hoogte in de brander. Tijdens het branden, verminderde van lieverlede de toevoer van olie,
omdat het brandstofniveau in de houder daalde. Een
overmaat aan olie werd opgevangen in een lekbakje
onder de brander. Oliehouders van de lamp veroor-
zaakten altijd een hinderlijke schaduw.

DE SCHUIF- OF STUDEERLAMP

Bij de studeerlamp werd een poging ondernomen wat
te doen aan de problematiek van het lager wordend
brandstofniveau, waardoor de vlam minder olie toegevoerd kreeg. De houder bestond uit een binnen- en
buitenbak. Volgens het principe van de hevelinktkoker
bleef het vloeistofniveau tijdens gebruik op dezelfde
hoogte. Bij dit model kon de lamp, inclusief oliehouder, verticaal op en neer worden bewogen langs de
stang. Ook hier gold het bezwaar van de hinderlijke
schaduw. Desondanks werd de lamp veel gebruikt bij
de verlichting van schrijftafels. 'De schaduw (is) achter
eene gewone studeerlamp, in zoo verre zij slechts door
één persoon gebezigd wordt, geen eigenlijk gebrek, of-
schoon hare verwijdering steeds eene verbetering
blijft.'[152]

Gedecoreerde koperen studeerlamp (collectie stedelijk museum de Lakenhal, Leiden).

Interieur met studeerlamp. Uit: Hildebrand: Camera Obscura, Haarlem, 1884.

Detail brander en toevoerleidingen brandstof van een sinumbralamp (collectie stedelijk museum de Lakenhal, Leiden).

het verleden behoorde. De lamp die met een argand-brander was uitgerust, kreeg in 1800 een patent. Het probleem van de brandstoftoevoer loste hij op door een uurwerk dat twee naast elkaar geplaatste pers-pompen aandreef. Was bij de pomplampen telkens pompen noodzakelijk om voldoende olie te krijgen, bij de lamp van Carcel zorgde een uurwerk voor een geregelde toevoer. Dit uurwerk maakte de lamp echter duur waardoor hij weinig opgang maakte. 'De lamp van Carcel zoude, gelijk men zonder overdrijving zeggen kan, wanneer eene minder kostbare en voor eene meerdere verspreiding geschikte vorm mogelijk ware, in hare soort even zoo veel opgang gemaakt hebben, als 16 jaren vroeger die van Argand.'[153]

DE MODERATEURLAMP

De 'moderateur- of regulateurlamp' werd in 1836 door Franchot uitgevonden. De olie werd door de werking van een spiraalveer opgevoerd, hetgeen de lamp een stuk goedkoper maakte. Een door een veer belaste zuiger drukte de zich daaronder bevindende olie omhoog door een verticaal buisje naar de brander. Had de zuiger de laagste stand bereikt – en nam de lichtsterkte af – dan werd nieuwe olie in de ruimte boven de zuiger gegoten. Vervolgens werd de zuiger met rondsel en tandheugel tegen de werking van de veer opgetrokken, waarbij de olie door de leren ring van de zuiger werd geperst naar de ruimte onder de zuiger. Het buisje naar de brander was op te vatten als een teles-

Argandbrander met ringvormig reservoir. Uit: Ch. Delaunay: Allereerste gronden der practische en theoretische mechanica, 1866.

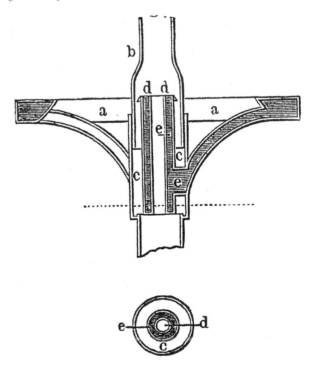

DE SINUMBRALAMP

De sinumbralamp (sine umbra = zonder schaduw) was een lamp waar het probleem van schaduw werd opgelost door gebruik te maken van een kringvormige oliehouder, die tegelijkertijd dienst deed als steun voor de glazen kap. De oliehouder stond met twee pijpjes in verbinding met de brander. Er bestonden zowel staande als hangende uitvoeringen van de lamp.

DE CARCELLAMP

De problemen rond brandstoftoevoer en schaduwwerking werden in de loop van de 18e eeuw ten dele opgelost door de introductie van pomplampen. Door gebruik te maken van pompjes in de oliehouder werd een geforceerde olietoevoer mogelijk. Met tussenpozen moest er worden 'gepompt' door het bovendeel van de lamp naar beneden te drukken. Echt ideaal was het nog niet. In 1798 kwam de Parijse horlogemaker Carcel met de naar hem vernoemde lamp, waarbij de hinderlijke slagschaduw ook voor staande lampen tot

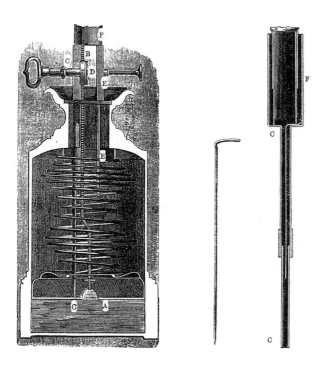

Doorsnede moderateurlamp. Uit: Kennis en Kunst, 1869.

coop van welke het onderste deel aan de zuiger vastzit. Bij de hoogste stand greep dat deel om een neerhangende pen die de buisopening enigszins sloot. Deze 'moderateur' had daardoor een temperende werking op de olietoevoer wanneer de veer het sterkst was gespannen. Te veel opgevoerde olie vloeide terug in het reservoir.[154] De lamp werd in 1854 door de Duitser Neuburger verbeterd. De lamp heeft het ondanks de komst van nieuwe verlichtingsbronnen nog lang volgehouden. Rond 1900 meldde P. den Nobel & Co uit Haarlem in zijn prijscourant dat de moderateurlampen door velen 'om hunne goede eigenschappen, een zacht wit licht gepaard met volkomen veiligheid, in eere (worden) gehouden'.[155]

DE PETROLEUMLAMP

De komst van de petroleum in de jaren vijftig en zestig van de 19e eeuw betekende een hele verbetering op het gebied van verlichting. Waren de Carcellamp en de moderateurlamp lichtbronnen die alleen in betere kringen werden gebruikt, petroleum zou de lamp bereikbaar maken voor de gewone man. In vergelijking tot de traditionele oliesoorten, was petroleum veel geschikter voor verlichtingsdoeleinden, omdat die gemakkelijk door de pit werd opgenomen. De eerste lampen waren voorzien van een brander met een platte pit die verhoudingsgewijs weinig licht gaf. Het was Hinks die in 1865 de duplexbrander introduceerde door twee pitten naast elkaar te zetten. Deze lampen zijn herkenbaar aan de twee rondsels waarmee de pitten konden worden gedraaid. Probleem bij de platte

Sinumbralamp van blik (collectie stedelijk museum de Lakenhal, Leiden).

Interieur rond 1825 met carcellamp.

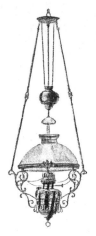

Deze HANGLAMP BELGE bestaat geheel uit *cuivre poli* of *brons*, en maakt door zijne eenvoudige, doch nette versiering een zeer aangenamen indruk.

Prijs geheel compleet *f* 12.—.

Fijnere SALONLAMPEN worden in *alle genres* en *groote keuze* in ons magazijn voorradig gehouden.

D eze lamp Belge voldoet door zijne *eenvoudige* en *stevige* constructie uitstekend voor *huiskamer* en voor *winkelverlichting*.

Prijs geheel compleet:

met kap van 30 c.M. . . *f* 5.50
„ „ „ 35 „ . . „ 7.50
„ „ „ 40 „ . . „ 9.—

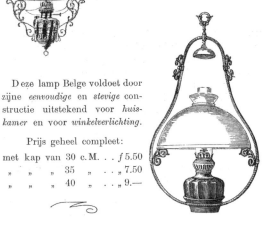

LAMPE BELGE

met net versierde en gelakte kap, zeer geschikt voor *kantoor-* en *winkelverlichting*.

Prijs *f* 9.—.

VEILIGHEIDS PETROLEUM-HAND-LAMPJE,

dat *uitgaat* wanneer de lamp omvalt.

Prijs met glas *f* 0.90.

De olie blijft in de lamp.

Petroleumlampen van P. de Nobel & Co, Haarlem. Uit: Prijs-courant van P. de Nobel & Co, z.j.

Petroleumlampen van P. de Nobel & Co, Haarlem. Vanwege de veiligheid werd de lampvoet met lood verzwaard. Uit: Prijs-courant van P. de Nobel & Co, z.j.

LAMPE BELGE op *zwaren* met *lood* gevulden voet, uitstekend geschikt om op *bureaux* of *schrijftafels* geplaatst te worden.
Prijs met ballon of melkwit kap *f* 7.50.

TAFELLAMP BELGE. Door haren zwaren met lood gevulden voet heeft deze lamp groote *stabiliteit*, en kunnen wij haar als een degelijke veilige *huiskamerlamp* aanbevelen.
Prijs compleet *f* 10.—.

STANDAARDLAMP

van zeer fraai model, en geheel uit *cuivre poli*, voorzien van een uitstekenden brander.

Prijs (zonder kap) *f* 22.50.

LUXE LAMPJE,

voorzien van goeden brander en nette zijden kap.

Prijs *f* 7.—.

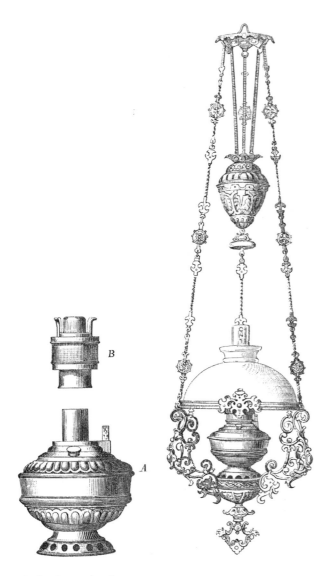

Interieur met petroleumlamp en plattebuiskachel. Uit: A.P. Hahn: Krotten en sloppen, 1901.

De Simplex petroleumlamp. Uit: Eigen Haard, 1888.

pit, was dat het lampglas niet overal gelijkmatig werd verhit, zodat de glazen vaak sprongen. Dat werd verbeterd met de komst van de ronde pit volgens het principe van Argand, die ook meer licht gaf.[156] Naast het opkomende gaslicht wist de petroleumlamp tot ver in de vorige eeuw haar plaats te behouden, vooral op het platteland waar de elektriciteit laat werd ingevoerd. Prijsvoordeel en de afwezigheid van gasfabrieken in de niet-stedelijke gebieden werkten het succes in de hand. Petroleumlampen waren aanvankelijk zeer gevaarlijk; er kwamen herhaaldelijk ontploffingen voor in het reservoir. Dat werd verholpen door de afstand tot de brander te vergroten. Petroleumlampen konden staand of hangend worden uitgevoerd. De hangende veroorzaakte een schaduwkegel onder de lamp, die als onplezierig werd ervaren. Feit bleef wel dat de lamp warmte produceerde en veel waterdamp in de atmosfeer bracht. Het dagelijks onderhoud was

zeer omslachtig. Zo leidde de rondgelegde pit tot roeten op de plek waar de zijkanten van de rondgelegde pit bij elkaar kwamen. Goed schoonhouden van de pit was dus erg belangrijk. Roeten van de petroleumlampen ging men tegen door rond geweven pitten te gebruiken in de vorm van een kousje. Daardoor moest men aparte voorzieningen treffen voor de luchttoevoer. Er werden nu lampen geconstrueerd volgens het type van de Lampe Belge, de Simplex, etc. Bij deze lampen liep een wijd luchtkanaal door het brandstofreservoir, zodat de rond geweven pit niet alleen van buiten, maar ook van binnen kon rekenen op een goede luchttoevoer. Door in het midden een zogenaamd 'tafeltje' te plaatsen, kreeg de vlam een nog groter oppervlak. Dit hield wel in dat het lampenglas verwijd moest worden om barsten tegen te gaan.[157] Jacqueline Royaards heeft nog herinneringen aan de petroleumlamp die in de studeerkamer van de componist Diepenbrock hing. 'Een grote hanglamp in het midden van de kamer boven een ronde tafel; het zachte petroleumlicht brandde in een volmaakt verzorgde lamp; het koper mooi gepoetst, het glas helder, de pit alsof hij met een mes was afgesneden; geen en-

Interieur met petroleumlamp rond 1920.

kele kans om te gaan spieren.' 'Spieren' was walmen en als je dat snel genoeg in de gaten kreeg, daalde een zwarte mist neer, met alle gevolgen van dien.[158] Toen na het midden van de 19e eeuw een perfecte brandstof beschikbaar kwam voor de olielamp, werd zij echter wel geconfronteerd met een geduchte concurrent: gasverlichting. En menig koffiehuisjongen wenste 'dat de eeuw des lichts ook tot zijn baas mochte doordringen, – en alzoo de zuivere gazvlam ook in diens gebied weldra de zich-zelve overlevende olydwalming voor altijd verbannen en vervangen mocht!'.[159] Het gas begon haar zegetocht, maar ook voor deze lichtbron zouden op den duur moeilijke tijden aanbreken: elektrisch licht.

Gasverlichting

De beginjaren
In 1784 publiceerde de Leuvense hoogleraar J.P. Minckelers een verhandeling over gasverlichting. Het begin was er en men had al spoedig het tij mee. Als gevolg

van de politieke verwikkelingen onder Napoleon, werd men op het continent onder meer geconfronteerd met een tekort aan Russisch talk: een onmisbare grondstof bij de bereiding van kaarsen.[160] Na een experimenteel stadium, waarbij ook Nederlanders als B. Koning en J.C. Baron du Tour hun bijdragen leverden, werden in de eerste helft van de 19e eeuw de eerste stappen gezet op de weg van gasverlichting. Aanvankelijk ging het hierbij voornamelijk om straatverlichting en verlichting van grote gebouwen.

Het fabriceren van steenkoolgas gebeurde door zogenaamde droge destillatie. Steenkool werd verwarmd zonder toetreding van zuurstof, waardoor gasvormige producten vrijkwamen en cokes achterbleef. Dat in steenkool 'brandbare lucht' zat, was al lang bekend. Velen hadden zich daarmee al beziggehouden; van een commerciële toepassing was het echter niet gekomen. Het is opmerkelijk dat aanvankelijk het verkrijgen van cokes het oogmerk was van het vergassen. In het begin van de 18e eeuw paste Abraham Darby, in het Engelse Coalbrokedale namelijk, voor het eerst cokes toe bij de bereiding van gietijzer. Een noodzaak, aangezien grote delen van het land ontbost waren voor de bereiding van het, voor het hoogovenproces zo essentiële, houtskool. Bij die cokesbereiding ging het gas dus verloren. Voor ons land was de figuur van Jan Pieter Minckelers van belang. Deze uit Maastricht afkomstige geleerde werd in 1748 geboren en bezette reeds op 24-jarige leeftijd een leerstoel in de natuurkunde aan de hogeschool te Leuven. Hij experimenteerde met de vergassing van allerhande stoffen: wol, stro, beenderen, hout en turf. In oktober 1783 verhitte hij steenkoolgruis in de loop van een geweer en kort daarop liet hij zijn eerste met steenkolengas gevulde ballonnetje op. Met gegoten buizen werd verder geëxperimenteerd. Vanaf 1785 verlichtte Minckelers elk jaar zijn collegezaal met gaslicht. De basis voor het gaslicht was gelegd. Zijn geboortestad eerde hem in 1904 met een standbeeld.[161]

Onthulling van het standbeeld van Minckelers in 1904.

Jan Pieter Minckelers (1748-1824).

De in Akersloot staande predikant Bernardus Koning (1778-1828) wees in 1816 op 'eene nieuwe verbeterde wijze van kunstverlichting, door middel van vlamvatbaar gas uit steenkolen'. Zijn toestel was veel eenvoudiger dan dat van de Engelsman F.C. Accum. Beiden gingen uit van het gloeien van steenkolen, maar bij het toestel van Koning werd voortdurend stoom over de kolen gevoerd. Het ging bij hem dus om een mengsel van lichtgas en watergas. Hoewel de experimenten gunstig werden ontvangen liet Koning zich niet uit over de exacte werking van zijn vinding. In mei van dat jaar werd in het Oude Mannen- en Vrouwenhuis aan de Binnenamstel een proef genomen met Engels gaslicht. In aanwezigheid van koning Willem I, de koninklijke familie en de Commissaris-generaal van Kunsten en Wetenschappen werd het eerste gebouw in ons land verlicht met gaslicht.[162] In de grote zaal van het tehuis hingen drie kronen, elk van 12 tot 14 lichten. Aan de wand waren enige 'lichtbuizen' gemonteerd. 'De helderheid, zachtheid en witheid van het licht werden door allen bewonderd, evenals de uitwerking der lichten in de opene lucht, op de plaats, ontstoken.'[163]

In 1817 publiceerde de Alkmaarse 'beoefenaar der proefondervindelijke wijsbegeerte' jonkheer Jan Carel Baron du Tour een verhandeling over een 'werktuig om steden en groote gebouwen te verlichten, door middel van vlam vatbaar gaz uit steenkolen'. Uiteraard had hij kennis genomen van de ervaringen van de reeds genoemde Koning uit Akersloot. Op 9 december 1816 informeerde hij het Natuur- en Letterkundig Genootschap te Alkmaar over een door hem ontwikkeld werktuig. Zijn opstelling kende twee onderdelen: een van 'steen gemetseld gebouw' waarin een stookplaats voor steenkolen en een 'oven' van platen geslagen

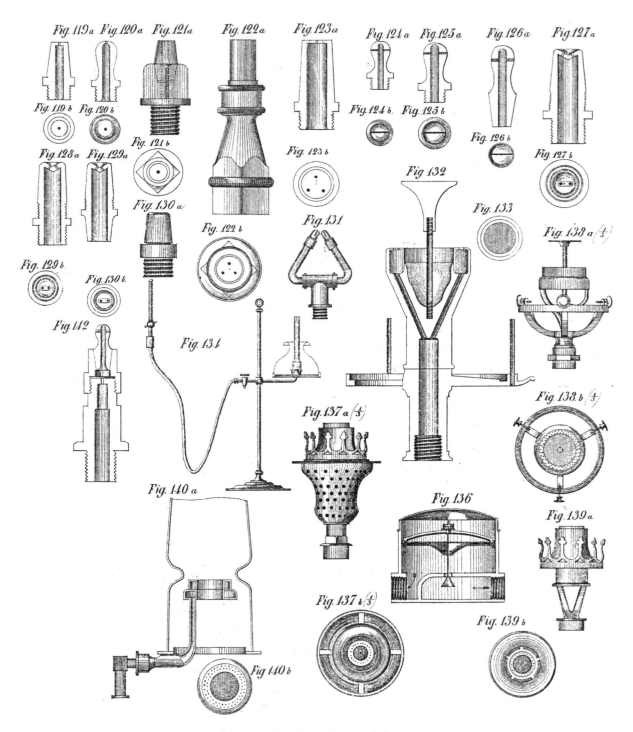

Diverse gasbranders. Uit: C.F.A. Jahn, De gasverlichting en de bereiding van lichtgas, 1863.

ijzer waar de steenkolen werden vergast. Boven de oven was een schoorsteen aangebracht. Het vrijgekomen gas werd naar een met water gevuld vat geleid waarin zich de natte gazometer (de gashouder) bevond.[164] Door toedoen van Bernardus Koning kreeg het Binnenhof in Den Haag de eerste buitenverlichting met gas, die daar van 1820 tot 1844 heeft gebrand. Zijn pogingen om ook de rest van stad te verlichten, mislukten jammerlijk, ook elders vonden zijn denkbeel-

den geen navolging. De verlichting van het Binnenhof was een schoorvoetend begin. In 1824 werd vergunning verleend om de Hoogduitse Schouwburg in Amsterdam met oliegas te verlichten. De Domkerk in Utrecht volgde in 1826 met haar olie-gasverlichting. In 1836 werd in Haarlem een steenkoolgasfabriek opgericht, met als doel openbare gelegenheden en fabrieken van gas te voorzien. Ook verschillende particulieren maakten gebruik van deze voorziening.[165]

Het waren William Murdoch (1754-1839) en Samuell Clegg (1781-1861) die de technische grondslagen legden voor de toekomstige gastechnologie. Murdoch was van jongs af aan bezig met gas en het is niet verwonderlijk dat hij in 1792 zijn woning en kantoor in Redruth met gas verlichtte. Hij deed talrijke experimenten met verschillende koolsoorten en branders en benadrukte de noodzaak van gaszuivering. Vooral de teer gaf last en het zwaveldioxide was volgens toenmalige opvattingen in een fabriek nog wel te accepteren, maar in huizen was dat buitengewoon bezwaarlijk. In 1802/1803 werd door hem een gasinstallatie gebouwd voor de verlichting van de fabrieken van Boulton en Watt in Soho. Van een leidingnet waarop meerdere gebruikers waren aangesloten, was toen nog geen sprake. Dat zou veranderen in 1812 toen door F.A. Winzler (verengelst tot Winsor) de Incorporated Gas Light and Coke Company werd opgericht, bij wie Clegg in 1813 in dienst trad. Samuel Clegg was leerling van Murdoch en aan hem danken we de technologische basis voor een commerciële toepassing van het steenkoolgas. Zo voerde hij voor het probleem van de teer een luchtkoeler in. In 1806 introduceerde hij de kalkzuivering om zwaveldioxide te kunnen verwijderen. Zijn gasmeter uit 1815 bood de mogelijkheid gas per kwantum te verkopen aan verbruikers.[166]

Gasfabricage
In de twintiger jaren van de 19e eeuw ontstonden in ons land de eerste gasfabrieken die zowel steenkool- als oliegas produceerden. Het steenkoolgas bereikte de afnemers via een buizenstelsel, oliegas kon daarentegen ook in de vorm van containers bij de afnemers worden afgeleverd. Men sprak in dit verband van 'lopend' en 'draagbaar' gas. Tot het midden van de eeuw waren het alle particuliere ondernemingen die werkten op basis van een concessie. In dit verband moeten de activiteiten van de Imperial Continental Gas Association worden genoemd, die in 1824 in Londen werd opgericht en in tal van Europese landen fabrieken bezat. Gemeenten stelden zich op het standpunt dat zij niet als ondernemers moesten optreden. Een zekere terughoudendheid ten aanzien van het nieuwe fenomeen zal zeker een rol gespeeld hebben. Het standpunt wijzigde zich rond het midden van de eeuw, toen in 1848 in Leiden de eerste gemeentelijke gasfabriek tot stand kwam, gevolgd door Groningen in 1854. Vele gemeenten zouden volgen.[167]
Rond het midden van de 19e eeuw ging de productie van steenkoolgas als volgt. Uitgangspunt bij deze 'gasstokerij' waren retorten, bestaande uit gegoten ijzer of vuurvaste steen, waarin het ontgassingproces plaats had. Deze retorten werden geladen met steenkool, waarna zij met deksels werden afgesloten. In een

Het produceren van gas volgens J.C. baron du Tour. Uit: J.C. baron du Tour: Werktuig om steden en groote gebouwen te verlichten, door middel van vlam vatbaar gas uit steenkolen, 1817.

vuurhaard werden deze retorten tot gloeiends toe verhit waardoor de vluchtige bestanddelen, zoals koolzuur, stikstof, zwavelwaterstof, water, teer, ammonia, etc., ontweken en cokes achterbleef. Deze bestanddelen werden naar de 'gemeenschapsbak' geleid die gevuld was met water en teer. De aanvoerbuizen mondden uit onder de vloeistofspiegel, waardoor sprake was van een waterslot. Uit deze bak ging het gas naar de 'condensor' of 'verdikkingstoestel', bestaande uit rechtopstaande gietijzeren buizen. Hier werd het gas afgekoeld waardoor bepaalde bestanddelen condenseerden en in een 'verzamelbak' werden opgevangen. Na deze eerste zuivering vervolgde het gas zijn weg langs een of meer 'waschbakken' om verder te worden gezuiverd. Dit gebeurde door het gas te leiden door kalk dat op ijzeren 'horden' lag. Van hieruit stroomde het gas naar de 'gazometer' – gashouder zouden wij zeggen – om van daaruit door 'verdeelingsbuizen'

Gasfabriek: 'toestellen om gas te maken'. Uit: Kennis en Kunst, 1869.

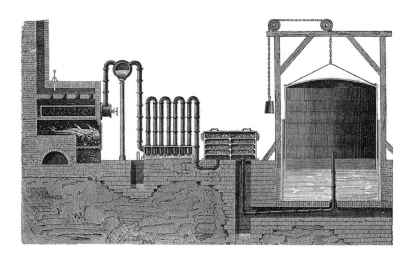

Interieur gasfabriek. Uit: Kennis & Kunst, 1869.

naar de gebruikers te worden afgevoerd.[168] Steenkoolgas bevat een groot aantal componenten, zoals me-
thaan, koolmonoxide, waterstof en voorts zware koolwaterstoffen. Het zijn de zware koolwaterstoffen die
de vlam lichtgevend maken.
Naast het steenkoolgas was er in de beginperiode nog
het zogenoemde oliegas dat verkregen werd door het
ontgassen van plantaardige olie op basis van Engelse
patenten uit 1815 en 1819. Het gas stonk minder bij
verbranding en gaf per volume-eenheid meer licht.
Vandaar dat het in de eerste helft van de 19e eeuw dit
gas veel voor straatverlichting werd gebruikt. Uiteindelijk was het steenkoolgas dat de concurrentiestrijd

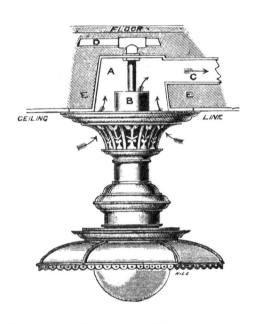

Wenham-lampen. Uit: De Natuur, 1886.

Gasgloeilicht brander van Von Auer. Uit: De Natuur, 1887.

met het oliegas won. Misoogsten van oliehoudende za-
den hadden de prijs doen stijgen.[169]

Gaslampen

Het steenkoolgas of lichtgas kon op twee manieren
voor verlichtingsdoeleinden worden gebruikt door het
brandende gas zelf als lichtbron te laten fungeren of,
zoals later gebeurde, andere stoffen — het gloeikousje —
tot gloeiends toe te verhitten. In dit laatste geval sprak
men van gasgloeilicht.
De eerste gasbranders waren eenvoudig. De Engelsman
Murdoch loste het probleem op door een ijzeren pijp
dicht te smeden en van drie schuine gaatjes te voorzien. Naar de vorm van de vlam werd deze een hanen-
spoorbrander genoemd. Door het einde van de buis
vlak te smeden en die te voorzien van een rij gaatjes,

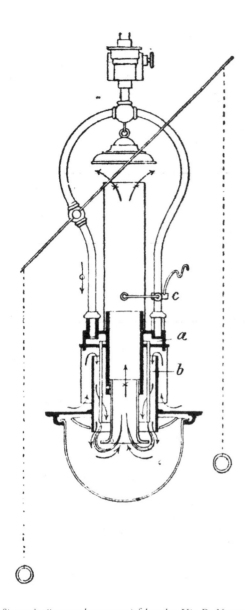

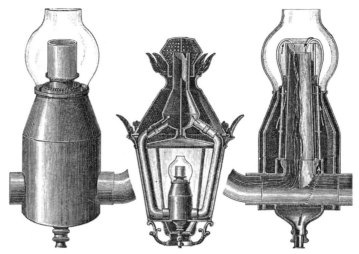

De regenaratief-gasbrander van Siemens. Uit: De Natuur, 1882.

geen zichtbaar gemaakt kon worden door in de vlam
een stukje porselein te houden.

Door meer zuurstof toe te voeren, werd de lichtopbrengst vergroot: de argandbrander. Een concept dat
we kennen van de olieverlichting. Deze brander bezat
een ringvormige uitstroomopening waarin talrijke
gaatjes zaten. Door een trekglas te gebruiken, kreeg de
vlam nog meer lucht. Het is begrijpelijk dat deze brander meer gas verbruikte, gezien het aantal gaatjes. Bij
latere uitvoeringen werden de gaatjes in de ring vervangen door een sleuf: de Dumas-brander. De gasbranders produceerden veel koolzuur en waterdamp
en bovendien was de warmteproductie groot. [170]

Siemens' geïnverteerde regeneratief-brander. Uit: De Natuur, 1891.

werd een hanenkambrander verkregen. Het logisch
vervolg hierop was de spleet- of vleermuisbrander, die
aanvankelijk van metaal was en later van speksteen.
De spleetbrander werd in 1805 door Stone uitgevonden. De praktijk van alledag, was dat de consument
uit heel wat branders kon kiezen. In 1863 vermeldde
Rooseboom: de ééngaatsbrander, de driegaatsbrander,
de spleet- of straatbrander, de vischstaart- of visbek-
brander en de Argandse brander.

Het ging bij deze branders dus om open vlammen
waarin vrije koolstof onder afgifte van licht verbrandde tot koolzuur. De gloeiende koolstof veroorzaakte dus licht. De open gasvlam was zeer gevoelig
voor tocht, waardoor deze vaak een onrustig licht gaf.
Trekglazen en ballons kwamen aan dit euvel tegemoet. De lichtgevende vlam produceerde roet, het-

'Pfeil-GGG kousjes voor staand en hangend licht'. Uit: Het Leven, 1912.

Gasornamenten.

Van onze **uitgebreide collectie Gasornamenten,** waaronder *suspensions, tweelichts-, drielichts-* en *vijflichtskroonen* in *alle prijzen* voorkomen, kunnen wij uit plaatsgebrek slechts enkele vermelden.

GASKROON
geheel uit *cuivre poli* en zeer fraai afgewerkt.

Prijs zonder brander en ballons:

2 lichts *f* 22.50.
3 „ „ 27.50.

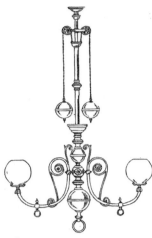

SUSPENSION
geheel uit *cuivre poli* of *brons*, zeer net versierd.

Prijs compleet met gewonen gasbrander van *f* 12.50 af.

GANGLANTAARN
van *cuivre poli* met gekleurde in lood gevatte ruitjes.

Prijs met gasbrander of petroleumlamp *f* 7.50.

Gasornamenten van P. de Nobel & Co, Haarlem. Uit: Prijs-courant van P. de Nobel & Co, z.j.

De strijd tussen elektrische en gasverlichting stelden technici van gasverlichting voor de taak met alle mogelijke middelen 'bij de geringste kosten, een zoo groot mogelijke lichtkracht tot stand te brengen en daarbij tevens te zorgen, dat de lucht onzer woningen zoo weinig mogelijk verhit en door de verbrandings-producten verontreinigd worde'. Dat leidde tot een nieuwe generatie verbeterde gasbranders die men door de sterk toegenomen lichtsterkte 'intensief-branders' noemde. Verbetering werd gezocht in de richting van het voor verwarmen van de toe te voeren lucht. De warmte die door de gasvlam zelf werd opgewekt, liet men niet verloren gaan maar werd, door de lucht voor te verwarmen, geregenereerd. Friedrich Siemens construeerde in 1879 op basis van dit principe de eerste regeneratief lamp. Onder, in een ring geplaatste, uit-stroomopeningen bevond zich de regenerator waarin de lucht werd voorverwarmd. Een en ander resulteerde in een nog grotere lichtopbrengst. Probleem bleef evenwel dat men door de naar boven gerichte vlam last bleef houden van een hinderlijke schaduw. Een naar beneden gerichte vlam zou wat dat betreft een hele verbetering zijn: de 'geïnverteerde brander'. De eerste branders die daar in voorzagen waren de Wenhamlampen. Bijkomend voordeel was dat deze nieuwe branders ook uitstekend gebruikt konden wor-

den voor de luchtverversing van ruimten. Daartoe werd tegen het plafond een metalen trechter gemonteerd. Ook Siemens ging snel over op de geïnverteerde brander. Waren zijn eerste lampen plomp van vorm, in de negentiger jaren bracht de onderneming lampen in de handel die 'van zeer elegante uitvoering zijn en die ook in salons een zeer goed figuur maken'.[171] Een gastentoonstelling, die in 1886 in Dordrecht werd gehouden, bood een goed beeld van de stand van zaken op het gebied van de gasverlichting. De Siemens' regeneratief lamp met 'ventilatie-inrigting' werd op dat moment incidenteel voor de verlichting van winkels en grote lokalen gebruikt, maar was in een aantal gevallen ook al weer vervangen. Dat zelfde lot trof ook de albocarbonlamp van Van der Elst uit Amsterdam, omdat aan het gebruik 'eenige moeijelijkheden' verbonden waren. Veel verwachtte men van de calorische lamp van Muchall uit Berlijn die als werk- en salonlamp werd gebruikt. De Engelse Wenhamlamp, die voor grote lokalen en straatverlichting werd gebruikt, kwam meer en meer in zwang. De Goebels' regeneratief lamp zou alle voorgaande lampen in lichtsterkte overtreffen.[172] De komst van de regeneratieve gasbranders met geïnverteerde vlam betekende geenszins het einde van een ontwikkeling. Door gas volkomen te laten verbranden

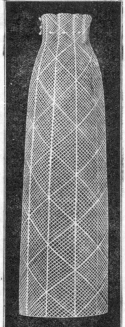
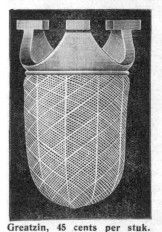
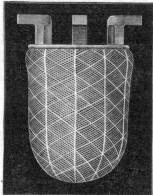
Reclamefolder uit 1909 voor 'Ross' gloeikousjes.

en met deze maximale warmteopbrengst een gloeikousje aan het gloeien te brengen, werd de grondslag
gelegd voor een andere manier om gas voor verlichtingsdoeleinden te gebruiken: het gasgloeilicht. In 1885
vond dr. Carl Auer Von Welsbach uit Wenen het principe uit. Daarna volgde een periode van veel experimenteren. Aanvankelijk was de constructie te inge-
wikkeld en het kousje te breekbaar; pas in 1891 was er
sprake van een werkelijk bruikbaar gloeikousje. Dit bestond uit een katoenen skelet dat gedrenkt was in een
mengsel nitraten van cerium en thorium. Om beschadiging tijdens transport te voorkomen, werden deze
kousjes gehard door ze met collodium te behandelen.
Voor gebruik moest het collodium eerst worden verbrand. Het bleek een lichtbron te zijn die met succes
de concurrentie met het elektrische licht aan kon.[173]
Voor een goede gloeilichtbrander was een zo hoog
mogelijke temperatuur van de vlam noodzakelijk De
Auerbrander is in feite een Bunsenbrander waarin een
mengsel van steenkoolgas en zuurstof werd verbrand

tot een blauwe, niet-lichtgevende vlam. In vergelijking
met de oudere gasbranders roette deze vlam niet,
waardoor zonder problemen een gloeikousje tot
gloeien kon worden gebracht. De eerste Auerbrander
was voor staand gloeilicht en bezat geen enkel regelor-
gaan, hetgeen bij gelijkblijvende gasdruk en gaskwali-
teit niet nodig was. Latere uitvoeringen bezaten een
gas- en luchtregeling. Met de komst van het gasgloeilicht beschikte men over meer lichtopbrengst tegen lagere kosten in vergelijking met de eerste gasbranders.
Staand gloeilicht had een ongunstige lichtspreiding
Een boven de kamertafel opgehangen brander wierp
zijn eigen schaduw. Door de brander om te keren, zou
men van het probleem verlost zijn, maar dat bleek
technisch niet zo eenvoudig. Er moest een speciaal
kousje worden ontwikkeld en de mengbuis waarin
lucht en gas gemengd werden, moest niet worden
oververhit. De benedenwaarts gerichte vlam was aanvankelijk instabiel doordat de mengverhouding veranderde onder invloed van het branden, waartoe de aanvoer van zowel gas als lucht afzonderlijk geregeld
moest worden. Een goede brander was die van de
firma Ehrich en Graetz uit Berlijn, die als Graetzin-
brander algemeen bekend werd.[174]. Het hangende
gloeilicht, of het invertlicht, was een aanmerkelijke
verbetering, omdat men de hinderlijke slagschaduw
van het ornament vermijdde. In zekere zin heeft de
hangende brander zijn ontstaan te danken aan het
elektrisch licht waarbij de lampen in elke gewenste
stand konden worden toegepast. Wilde het gasgloeilicht concurreren, dan moest er iets aan de slagschaduw worden gedaan.
Aan de Lauriergracht 122-124-128 in Amsterdam stond
aan begin van de 20ste eeuw de Eerste Nederlandsche
Thorium- en Gasgloeilichtfabriek waar gaskousjes
werden gemaakt onder leiding van de heer E. Francis.
Er werkten uitsluitend meisjes, omdat die het beste geschikt waren om met de tere kousjes om te gaan. Eerst
werden de chemisch zuiver gewassen kousjes in een
oplossing gedrenkt, waarna ze werden gemangeld om
er overtollige vloeistof uit te persen. Daarna werden ze
met asbestdraad 'zóódanig geregen, z.g. geasbesteerd,
dat een lusje ontstaat, waaraan de kous op het penne-
tje kan worden gehangen'. De uiteindelijke vorm werd
verkregen door de kousjes op kegels te zetten. Vervolgens werd het weefsel uitgegloeid in een gasvlam. Om
ze te kunnen vervoeren, werden ze in een oplossing
van 'collodiumfluïd' gedrenkt en met een dun 'vliesje'
overtrokken om het kousje beter te kunnen hanteren.
Na op maat afknippen, sorteren en verpakken, werden
ze in de handel gebracht. De fabriek voerde zes merken: unicum, triumpf, simplex, pantser, kampioen en
rembrandt.[175] Kousjes werden overigens ook als vorm
van thuiswerk vervaardigd. In Enschede werkten rond

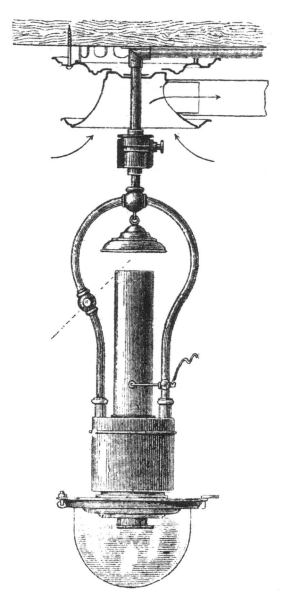

Siemens' geïnverteerde regeneratief- brander met ventilatieinrichting.
Uit: De Natuur, 1891.

1909 50 vrouwen als 'huisarbeidster'. Ervaren werksters maakten 500 of meer kousjes in een werkweek van 50 uur. Minder plezierig werk, want vele vrouwen klaagden over 'het zenuwachtige van deze arbeid' die in de huiskamer werd verricht. De keuring van de kousjes was zeer streng en voor velen aanleiding om dit werk niet meer te doen. [176]

Gasverlichting binnenshuis

Gasverlichting werd tot het midden van de 19e eeuw hoofdzakelijk toegepast bij de verlichting van straten en pleinen en voor zover het binnen werd benut, ging het om fabrieken en openbare gebouwen. Van gebruik binnenkamers was vrijwel geen sprake, want voor de gewone man woog een aansluiting op het gasnet niet op tegen de geringere kosten van het petroleumlicht. Bovendien leverde gasverlichting – die in vergelijking tot de gebruikelijke olielampen veel meer zuurstof verbruikte – binnenskamers veel overlast op in verband met temperatuurverhoging. Ook de zuiverheid van het gas liet te wensen over. De verbrandingsproducten die onder meer oxiden van zwavel en stikstof bevatten, tastten binnenshuis met hun agressieve eigenschappen het huisraad aan. Het kwam er op neer dat gaslicht alleen in luxe huishoudens voorkwam en dan nog vaak gecombineerd met petroleumlicht. Rond 1880 was één op de vijf huishoudens aangesloten. In de tachtiger jaren veranderde dit onder invloed van de dalende gasprijzen, de invoering van de muntmeter en de introductie van het gasgloeilicht, dat veel minder gas verbruikte. Rond 1900 kwam men in Amsterdam handen tekort om de nieuwe klanten te bedienen. [177]

Goede publieksvoorlichting over het gebruik van gas werd al snel onderkend. Het heeft er echter veel van weg dat A.C. Spruyt, zelf directeur van een gasfabriek, toekomstige gebruikers van gas over de streep wilde trekken door een boekje uit het Engels te vertalen dat in 1866 onder de wervende titel 'Aanwijzingen der voordeelen, gemakken enz. van het gebruik van gas' op de markt kwam. Hij drukte zich daarin voorzichtig uit: 'In het algemeen kan niet worden tegengesproken, dat een, naar behooren met Gas verlicht huis, meer gemak aanbiedt, en daardoor betere luchtverversching heeft, aangenamer en gezonder is, dan één, dat op de oude wijze wordt verlicht, hetzij uit noodzaak of bij verkiezing.' De voordelen dat het gaslicht boven andere vormen van verlichting had, waren volgens hem: prijs, gemak, zuiverheid, veiligheid en geringere luchtverontreiniging in vergelijking met kaarsen of olielampen. Gasverlichting stond borg voor een betere luchtverversing, 'omdat door de werking der branders, de lucht steeds in beweging gezet wordt, en de warmte deelt zich aan de wanden en plafonds mede'. Er waren zelfs gasornamenten die zo ingericht waren, dat de verbrandingsproducten door pijpen naar een schoorsteen werden geleid en zich dus niet in de kamer konden verspreiden. De oplossing volgens Spruyt was om bij de bouw van nieuwe huizen aparte buizen aan te leggen, onafhankelijk van een schoorsteen. [178] De praktijk van alle dag was echter dat gaslicht gepaard ging met de 'opeenhooping van verhitte lucht', die leidde tot temperatuurverhoging en benauwdheid. Het was overigens maar net hoe je tegen het probleem aankeek, vond ingenieur Egeler, verbonden aan de Engelse Gasfabriek in Amsterdam. We hadden volgens hem wel betere lichtbronnen tot onze beschikking gekregen, maar daarbij wel de problematiek van de lucht-

Interieur Uilenburgerstraat te Amsterdam met gaslamp, een zogenaamd 'harpje'. Foto 1910.

verversing geheel over het hoofd gezien. Kortom, het lag volgens hem niet aan het licht, maar aan de ventilatie.[179] Een apparaat dat in de ogen van Egeler wellicht genade had kunnen vinden, was het 'appareil à gas de Tavignot' dat in 1860 onder de aandacht van het Nederlands publiek werd gebracht. Het ging om een armatuur waarbij de verbrandingsgassen in een glazen klok werden opgevangen, van waaruit deze door een buis werden afgevoerd. Een methode die al rond 1850 door Van Eijk werd benut bij een 'sociëteitszaal'.[180] Ook in kringen van architecten was verontreiniging door gas- of petroleumverlichting een geliefd onderwerp. Op een vergadering in het begin van 1877 boog de Haagse afdeling van de Maatschappij tot bevordering der Bouwkunst zich weer eens over het vraagstuk. Sommige leden waren er voorstanders van om afvoerkanalen te maken in schoorstenen beneden het plafond. Anderen opteerden voor het aanbrengen van kokers boven de lampen of kronen die de lucht tot boven het dak afvoerden. 'Wederom anderen vonden in geen ventilatiesysteem eenig heil, tenzij dit met een

verwarmingssysteem gepaard mocht zijn; alleen door een machinale bewerking zou men kans van slagen mogen verwachten.'[181] Eenduidigheid bestond er dus geenszins.

Het eerste gaslicht was niet meteen een succes. Wie buiten liep, kon ontdekken 'dat hier en daar op straat of in de woningen de gasvlammen telkens van grootte veranderden, en door die afwisseling in lichtsterkte de oogen zeer onaangenaam aandeden'. Amsterdamse straatjongens hadden daar een verklaring voor: er zat een rat in de pijp die er telkens probeerde uit te komen. In werkelijkheid werd de ellende veroorzaakt door water in de gasleiding. Daarom moesten de leidingen altijd hellend worden gelegd, waardoor het water zich op bepaalde plaatsen kon ophopen.[182] Ook in Middelburg wees men er op 'dat de buizen behoorlijk van water bevrijd worden, opdat niet telkenmale gelijk in den aanvang meer gebeurde, het licht plotseling worde uitgedoofd'.[183] De gasdruk leverde dus aanvankelijk problemen op. De gebruiker moest de aanvoer vaak zelf regelen met de hoofdkraan, op zodanige wijze dat de kraantjes van de branders geheel open konden om het 'lastige geraas der branders' te voorkomen.[184] Problematisch was ook de warmteontwikkeling als gevolg van gasverlichting. 'Niet lang geleden bezocht ik een zeer fraai, door gas verlicht magazijn, waar eene onaangename warmte mij bij het intreden der buitendeur, die wegens ongunstig weder niet openstond, op het lijf viel, en spoedig zoodanig hinderde, dat ik den eigenaar van het magazijn mijne verwondering te kennen gaf dat hij in zoodanigen dampkring konde leven.'[185]

De komst van het gaslicht hield echter niet in dat onze voorouders overal in hun woning het gaslicht konden opsteken. Zo waren hun slaapkamers, badkamers, closets, trappen, kelders en provisiekasten vaak niet voorzien van verlichting, omdat het te lastig of te gevaarlijk was. Dergelijke vertrekken werden gewoonlijk met petroleum- of kaarslicht betreden.[186]

Het spreekt vanzelf dat bij nieuw gebouwde huizen er alles aan werd gedaan om de gasleidingen in muren en plafonds weg te werken. In bestaande huizen stond men voor de opdracht het buizennet in de aanwezige structuur aan te brengen. Dat betekende veelal dat dit in het zicht moest gebeuren. De overblijfselen daarvan zijn in menig oud huis nog te zien: dikke ijzeren buizen die tegen de bestaande muren werden gemonteerd. In vloerdelen werden, voor zover de dikte dat toeliet, banen gefreesd om de nieuwe gasleidingen onder te brengen. Zinken strippen zorgden voor de afdekking. Het gasverbruik moest natuurlijk afgerekend worden. Daarvoor werd een zogenaamde natte gasmeter geïnstalleerd. Deze was uitgevonden door de Engelsman Samuel Clegg. De meters waren tot iets boven het midden gevuld met water waarin om een horizontale as een trommel met meetcompartimenten ronddraaide. In de winter wilde de meter nog wel

'Appareil à gaz de Tavignot'. Uit: De Volksvlijt, 1860.

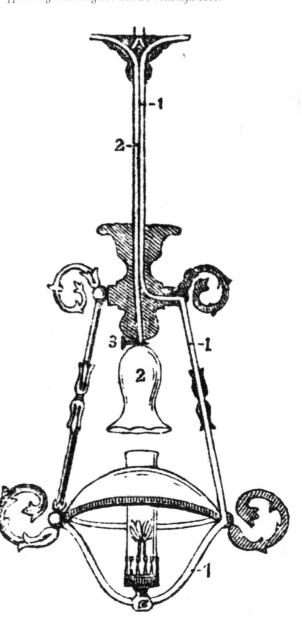

In de bestaande vloerdelen werd ruimte gemaakt voor de gasleiding. Om beschadiging te voorkomen, werden de goten afgedekt met bladzink.

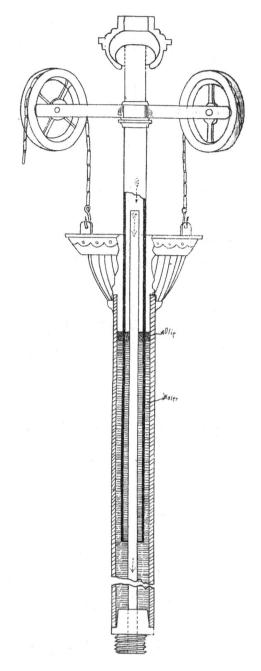

Het principe van een 'waterschuifstang-inrichting'. Uit: Vakblad voor de bouwambachten, 1907.

Advertentie P.J. Sips te Groningen, 'Colonia Gasgloeilicht wordt aangestoken door een drukknop'. Uit: Geïllustreerde gids voor Groningen en omstreken, ± 1900.

schikten heeft die geen geheugen bezitten of zorgeloos zijn, deze zijn echter voor andere diensten evenmin te gebruiken.' De gasverbruiker moest dus bekend zijn met de regulering van de branders, het ontsteken en het uitdoven ervan en bovendien in staat zijn 'zijne ondergeschikten (te) kunnen onderrigten'. Het kwam vooral neer op de zorg voor de branders: 'zonder dat is het onmogelijk om op de voordeeligste wijze Gas te gebruiken.'[188] 'Blaas de branders van gaslampen uit, doch steek ze niet met een spel of naald door, daar het speksteen spoedig afbreekt en de gasopening te groot wordt, zoodat de vlam gaat flikkeren.'[189]

Elk lichtpunt moest apart worden ontstoken. Wanneer Ramalho Ortigão in 1883 in verband met de Wereldtentoonstelling ons land bezoekt, vermeldt hij hoe de kelner een lucifer uit zijn zak haalde en de vlammetjes van een dubbel-armige gaslamp boven zijn tafel aanstak.[190] Was er veel te ontsteken, dan werd een houten of messing aansteekstok gebruikt. Deze bestond uit een buis waarin zich een lange in kaarsvet gedrenkte pit zat. Door de pit met een schroef vast te klemmen, werden ongelukken voorkomen. Moeilijker werd het wanneer een grote, nog binnen het bereik hangende, gaskroon aangestoken moest worden. De kroon moest daartoe in een schuifbeweging naar beneden gehaald worden. De kroon was namelijk met een 'waterschuifstang-inrichting' uitgerust. De afdichting tussen twee in elkaar schuivende buizen werd tot stand gebracht door

eens bevriezen. Als antivries werd jenever of spiritus toegevoegd en sommigen ontdooiden de meter door er een vuurtest onder te zetten.[187]

Het omgaan met gaslicht vergde wel enige verstand van zaken. 'Er zijn vele voorbeelden van, dat dienstboden, die voor de eerste maal dat zij met de zorg voor de Gasverlichting werden belast, dit in eenen korten tijd, na eenig onderrigt, goed ten uitvoer bragten, beter somtijds, dan anderen die er reeds langen tijd mede hadden omgegaan, hierop zijn echter enkele uitzonderingen, wanneer men bijv. onderge-

een waterkolom waarop een laagje olie dreef om verdamping tegen te gaan. In het begin van de vorige eeuw werd deze stang verdrongen door de zogenoemde 'kurkpendant', een om de toevoerbuis aangebrachte pakkingbus die een schuifbeweging mogelijk maakte.[191] Deze pakkingschuif, die meermalen als plaatsvervanger werd aanbevolen, was niet zonder problemen: gaslekkage en een langzaam weer omlaag zakkende lamp. Wanneer de pakking voldoende gasdicht was, leverde de schuifbeweging zoveel inspan-

Linnen naaikamer van het oude Diaconiehuis te 's-Gravenhage; de ruimte heeft een eenvoudige gasverlichting zonder ballonnen. Uit: Zestien schetsen van het oude Diaconiehuis te 's-Gravenhage, 1861.

Gasontsteker van Née. Uit: De Natuur, 1887.

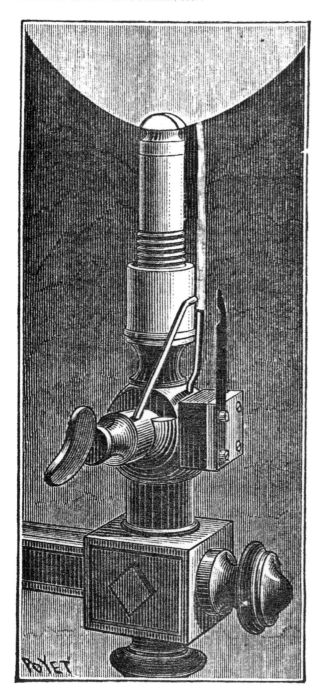

ning, dat de kousjes vaak braken.[192] Hing de kroon buiten bereik, dan kon men zijn toevlucht nemen tot de uitschuifbare aansteekstok. In winkelkasten, waarin vaak brandbare voorwerpen waren uitgestald, moest het gaslicht met veel omzichtigheid worden aangestoken. Toen men het gemak leerde kennen waarmee het elektrisch aan en uit gedaan kon worden, lag het voor de hand na te gaan of dit ook voor gaslicht kon. In 1887 werd melding gemaakt van een elektrische gasvlamontsteker van Ernest Neé. Door het voortbrengen van een elektrische vonk met behulp van een batterij van 5 Leclanché-elementen werd het licht ontstoken. Een doorbraak kwam rond 1897 met de zelfwerkende ontsteker van Ludwig Loewe & Co uit Berlijn. Daarbij werd gebruik gemaakt van een reeds omstreeks 1825 door Döbereiner ontdekt principe, waarbij een platinaspons in een gasmengsel ging gloeien en een ontstekingsreactie teweegbracht. Het gaslicht werd met de ontsteker van Loewe eenvoudigweg ontstoken door de gaskraan open te draaien. Centraal hierbij waren de gloeispons en het tegenoverstaande platinadraadje. Het uitstromende gas bracht eerst de gloeispons tot gloeiing, waarna het platinadraadje witgloeiend werd en vervolgens het gas via een aansteekvlammetje deed ontvlammen.[193]

Gasverlichtingscatalogi
Het was onder meer de fabriek van Becht en Dyserinck uit Amsterdam die in de tweede helft van de 19e eeuw een album met 'bronzen en vergulde gas-ornementen' het licht deed zien.[194] Het bedrijf werd in 1867 aan de Stadhouderskade te Amsterdam opgericht en was gespecialiseerd in gietijzer en bronswerken.[195] De catalogus, die 28 steendrukken omvatte, ging vergezeld van

'Gas-beelden' op houten voet. Modellen 'cri de guerre' en 'printemps'. Uit: Album met bronzen en vergulde gas-ornamenten van Becht en Dyserinck, z.j.

een prijscourant. Het album geeft een goede indruk van wat zoal in de branche werd aangeboden. Het gaat om:
'gas-kroonen,
zaal- en schouwburg-kroonen,
gas-beelden
lantaarns en armen
kastlichten
gang-lantaarns
hanglampen
tafellampen
allume-cigares'

Uit de prijscourant blijkt dat de armaturen in diverse uitvoeringen leverbaar waren: brons, vert antique en geheel of gedeeltelijk verguld. Ook het aantal armen was aan de wensen van de consument aan te passen. In zekere zin was er sprake van maatconfectie! De armaturen waren voorzien van branders: de 'bougies'. Het gloeikousje was nog niet uitgevonden. Deze branders waren soms afgeschermd door glazen, schaaltjes of ballons. Bijzonder waren wel de zogenaamde 'gas-beelden', die met een houten voetstuk werden geleverd. Het ging hier om allerlei figuren die voorzien waren van 'bougies'. Met veelal aan de Franse taal ontleende benamingen was een keur aan artikelen leverbaar: guillaume tell, offrande, jardinier mercure en abondance, om maar een paar namen te noemen. Ook al het beeldwerk was in de reeds vier genoemde kleurvarianten verkrijgbaar.

Bijzonder in onze ogen waren de sigarenaanstekers in de vorm van een beeldje. Het gaat in de catalogus om modellen die uit Frankrijk of België werden betrokken, op zich niet bijzonder, aangezien de heer Becht zijn technische opleiding in Parijs en Brussel had gekregen.

Wie de catalogi van de Amsterdamse onderneming Bresser & Wolzak uit het begin van de vorige eeuw bekijkt, valt in eerste instantie het ruime assortiment op. Uiteraard was een aantal traditionele artikelen nog

'Gaskroonen', verkrijgbaar in totaal 20 uitvoeringen, variërend van twee-armig, twee lichts, tot zes-armig, zes lichts. Uit: Album met bronzen en vergulde gas-ornamenten van Becht en Dyserinck, z.j.

steeds verkrijgbaar, zoals het 'harpje' en talrijke branders. Maar inmiddels heeft het gaskousje zijn intrede
gedaan en naast armaturen met staand licht zijn er nu
ook met hangend of 'invert' licht. Voldeden de armaturen goed in werkruimten, voor het interieur wenste
de consument een meer passende lichtbron die zich
beter voegde in het interieur. Met name de invert-
branders boden daartoe alle mogelijkheden. Fabrikanten deden er van alles aan om de techniek te verber-
gen. De lampen werden verfraaid. Het bekende
'harpje' vormde de basis voor een nieuwe eigentijdse
vormentaal. Kappen werden voorzien van 'volants',
'kralen franje' of 'kristallen stengels en prisma's',
waardoor de brander aan het zicht werd onttrokken,
maar de verspreiding van het licht werd bevorderd.
Zijden kappen in allerlei uitvoeringen gaven de lampen een gestoffeerd aanzien.

Ontwerpen die overigens aan het begin van de 20ste
eeuw met graagte op tentoonstellingen werden getoond ter illustratie van de slecht ontworpen interieurs. In de catalogi is goed te zien hoe elektrisch licht
een steeds grotere rol ging spelen. In het oudste exemplaar werd incidenteel vermeld dat de gaslamp ook
elektrisch geleverd kon worden. In het jongste exemplaar is het normaal dat de lampen of brandend op gas,
dan wel elektrisch verkrijgbaar waren.[196] Bresser & Wolzak had een fabriek aan Looiersgracht 43 in de Jordaan.

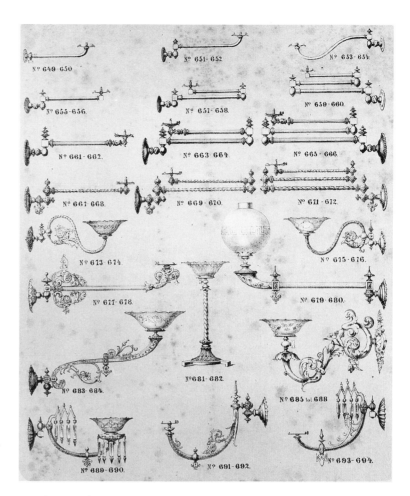

'Branders' en 'tafellampen', verkrijgbaar met een, twee of drie branders. Uit: Album met
bronzen en vergulde gas-ornamenten van Becht en Dyserinck, z.j.

Reclame van Bresser & Wolzak, fabriek van koperwerken. Uit: Het Huis
Oud & Nieuw, 1916.

Concurrentie tussen de diverse lichtbronnen

In het voorgaande hebben we al gewezen op de concurrentie die bestond tussen de verschillende verlichtingsbronnen: gas, petroleum en later de elektriciteit.
De geschiedenis van de energievoorziening in Schiedam brengt dat aardig in beeld. Toen in 1857 de gemeentelijke gasfabriek van start ging, gebeurde dat in
eerste instantie om steenkoolgas te produceren ten behoeve van de straatverlichting. Maar al gauw onder-
kenden industrie en burgerij de mogelijkheden die het
gas bood. In 1857 meldden zich 148 particuliere gebruikers. Weliswaar een aarzelend begin, maar dat hing samen met de hoge prijs van de nieuwe energie: 20 cent
per kubieke meter en een uur branden van de vleermuisbrander kostte drie cent. In de loop van de tijd
werd de gasprijs een stuk lager en meer verbruikers
meldden zich. Het gasbedrijf breidde zich uit, maar de
stijging werd ruw onderbroken door de Frans-Duitse
oorlog van 1870-1871. De gasprijs werd noodgedwon-
gen met liefst drie cent verhoogd. De gevolgen waren
voelbaar: velen lieten hun installatie weghalen en gingen over op een nieuwe lichtbron: de petroleumlamp.

Pendants.
Cuivre Poli en Staalbrons.

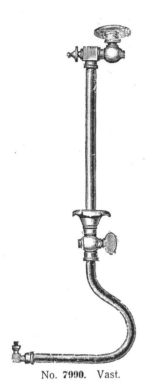

No. 7990. Vast.

$^1/_2 \times {}^3/_8 \times$ 90 cM. f 1.80
$^1/_2 \times {}^3/_8 \times$ 120 „ „ 1.95
$^1/_2 \times {}^3/_8 \times$ 150 „ „ 2.25

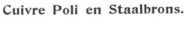

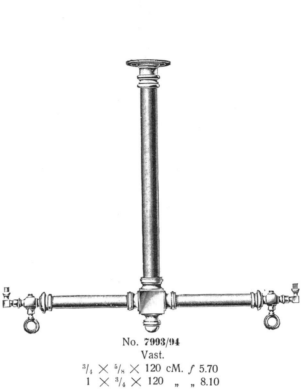

No. 7993/94
Vast.

$^3/_4 \times {}^5/_8 \times$ 120 cM. f 5.70
$1 \times {}^3/_4 \times$ 120 „ „ 8.10

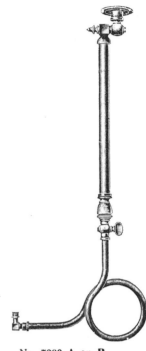

No. 7990 A en B

A schuivend $^5/_8 \times {}^3/_8 \times$ 120 f 3.—
B   „ $^5/_8 \times {}^1/_2 \times$ 120 „ 3.30

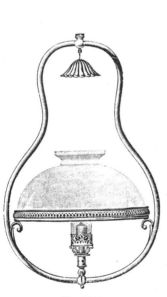

No. 7997

$^3/_8$ gladde Harp met 30 cM.
kaprand f 3.30
$^1/_2$ gladde Harp met 30 cM.
kaprand f 4.65

No. 9009
IJzeren Harp met Koperen
husk. zonder kap en drager
f 3.75

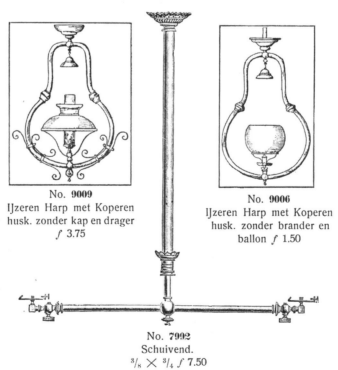

No. 7992
Schuivend.

$^3/_8 \times {}^3/_4$ f 7.50

No. 9006
IJzeren Harp met Koperen
husk. zonder brander en
ballon f 1.50

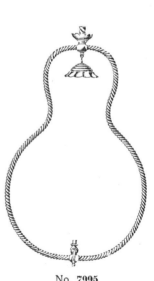

No. 7995

Kabelharp $^1/_2 \times {}^3/_8$ f 2.25
      „ $^1/_2 \times {}^5/_8$ „ 3.15
Kabelharp $^1/_2 \times {}^3/_8$ met 30 cM.
kaprand f 3.30
Kabelharp $^1/_2 \times {}^5/_8$ met 30 cM.
kaprand f 4.65

De traditionele 'harpen' voor het staande gaslicht zijn tot in de vorige eeuw verkrijgbaar. Uit: Geïllustreerde prijscourant van Bresser & Wolzak, z.j.

Branders, enz.

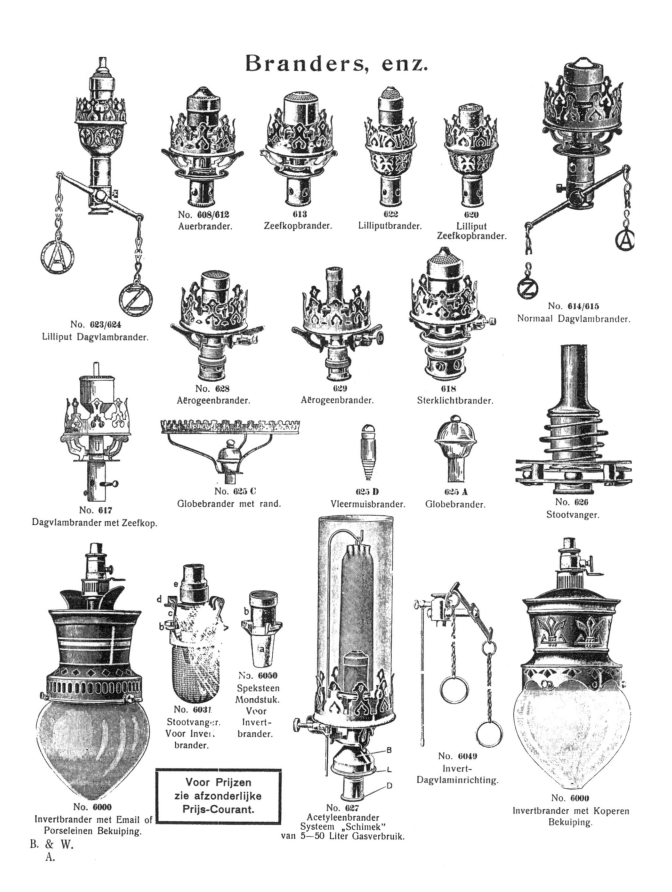

No. 608/612
Auerbrander.

613
Zeefkopbrander.

622
Lilliputbrander.

620
Lilliput
Zeefkopbrander.

No. 614/615
Normaal Dagvlambrander.

No. 623/624
Lilliput Dagvlambrander.

No. 628
Aërogeenbrander.

629
Aërogeenbrander.

618
Sterklichtbrander.

No. 617
Dagvlambrander met Zeefkop.

No. 625 C
Globebrander met rand.

625 D
Vleermuisbrander.

625 A
Globebrander.

No. 626
Stootvanger.

No. 6000
Invertbrander met Email of
Porseleinen Bekuiping.

B. & W.
A.

No. 6031
Stootvanger.
Voor Invert-
brander.

No. 6050
Speksteen
Mondstuk.
Voor
Invert-
brander.

**Voor Prijzen
zie afzonderlijke
Prijs-Courant.**

No. 627
Acetyleenbrander
Systeem „Schimek"
van 5—50 Liter Gasverbruik.

No. 6049
Invert-
Dagvlaminrichting.

No. 6000
Invertbrander met Koperen
Bekuiping.

Verkrijgbare 'branders' voor staand gaslicht uit het begin van de vorige eeuw. Uit: Geïllustreerde prijscourant van Bresser & Wolzak, z.j.

Koperen Kapjes en Ringen voor kristallen Stengels en Prisma's.

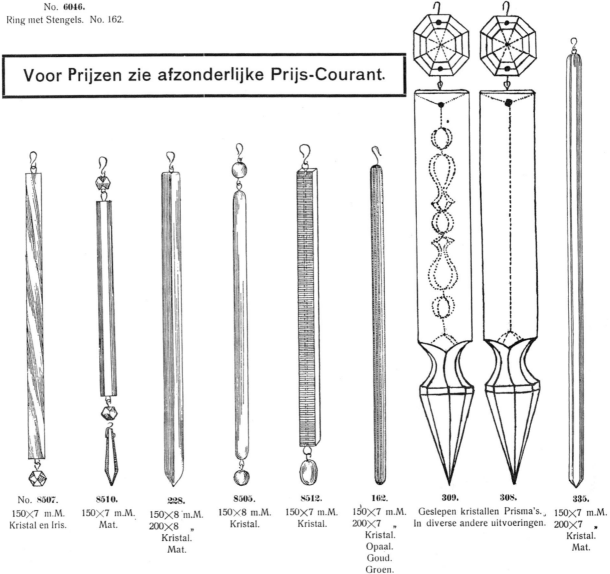

No. 6046.
Ring met Stengels. No. 162.

No. 1053.
80×135 m.M. diameter voor
45 Stengels voor Normaal.

6046.
Normaal en Lilliput.
80 m.M.   70 m.M.
30 Stengels.   27 Stengels.

1054.
80×150 m.M. diameter voor
50 Stengels voor Normaal.

Voor Prijzen zie afzonderlijke Prijs-Courant.

No. 8507.	8510.	228.	8505.	8512.	162.	309.	308.	335.
150×7 m.M.	150×7 m.M.	150×8 m.M.	150×8 m.M.	150×7 m.M.	150×7 m.M.	Geslepen kristallen Prisma's.		150×7 m.M.
Kristal en Iris.	Mat.	200×8 „	Kristal.	Kristal.	200×7 „	In diverse andere uitvoeringen.		200×7 „
		Kristal.			Kristal.			Kristal.
		Mat.			Opaal.			Mat.
					Goud.			
					Groen.			
					Rood.			

'Koperen Kapjes en Ringen voor kristallen Stengels en Prisma's'. Uit: Geïllustreerde prijscourant van Bresser & Wolzak, z.j.

Met name de komst van petroleum zou grote groepen van de bevolking weerhouden om op gas over te gaan. In 1872 waren in Schiedam 1312 huizen met 4000 lichten op het gas aangesloten en 26 jaar later in 1898 waren het er nog maar 1013 met 3500 lichten. In woonhuizen liep het gasverbruik terug, in tegenstelling tot de industrie waar 5500 lichten in gebruik waren. De vinding van Auer von Welsbach keerde het tij. In 1894 werden in Schiedam proeven genomen met het nieuwe licht en dank zij verbetering van het kousje kon in 1899 een begin gemaakt worden met de vervanging van de vleermuisbranders door het gasgloeilicht. Voor de particulier betekende de komst van dit kousje meer licht voor minder geld. Het licht kon in deze vorm de concurrentie met de petroleum met glans doorstaan. Desondanks moest de burgerij zich met petroleum behelpen, omdat met name de gasinstallatie nog veel geld kostte. De grote massa werd dus niet bereikt. Door de introductie van de muntgasmeter in het begin van de vorige eeuw probeerde men de gewone man over de streep te trekken. De stagnerende invoer van petroleum in de Eerste Wereldoorlog betekende het definitieve einde voor de petroleumverlichting.[197] Uit het voorgaande mag niet de conclusie getrokken worden dat de concurrentie zich alleen maar afspeelde tussen gas, petroleum en elektriciteit. Vooral in het begin van de vorige eeuw werd heel wat geëxperimen-teerd met alternatieven: verlichting op basis van bijvoorbeeld alcohol, acetyleengas, luchtgas en aerogeen-gas. Waar kwaliteitsverbetering gepaard ging met een lagere prijs, waren de gebruikskansen voor de innovaties het grootst. Maar: 'Bij het eene verlichtingsmiddel bleek de lichtsterkte onvoldoende, het andere bleek te weinig economisch; de gebruikte brandstof stond in geen verhouding tot het geleverde licht; een derde leverde gevaar op voor ontploffingen.'[198]

Het was niet verwonderlijk dat de bewoners van villa's op afgelegen plekken uiteindelijk dezelfde 'geriefelijkheden' als de stedelingen wensten. Men had genoeg van de 'altijd morsige en gevaarlijke petroleumlampen'. De gewone man was alleen al door het prijsvoordeel aangewezen op petroleum. Elektriciteit leek het aangewezen stelsel, maar men moest deze wel zelf opwekken. 'De kosten van inrichting waren echter zeer hoog en niet minder die van de bediening, want zij eischt, zolang de verlichting duurt, het loopen van de machine en daarbij het noodige toezicht dus arbeidsloon.' Nu boden accumulatoren wel een oplossing, maar deze waren kostbaar in de aanschaf en arbeidsintensief. Voor de meer kapitaalkrachtigen waren er inderdaad mogelijkheden om zelf gas te maken. Er was bijvoorbeeld acetyleen die voor de verlichting van villa's werd gebruikt. Geringe warmteontwikkeling, eenvoudige bediening en betrekkelijk lage installatiekos-

Petroleum schemerlampen. Kappen beschermden het felle gaslicht. Uit: Geïllustreerde prijscourant van Bresser & Wolzak, z.j.

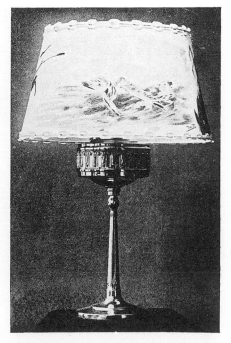

No. **2031**/35 cM. Met de hand beschilderde papieren kap
in diverse uitvoeringen en kleuren *f* 3.55.
No. **8131**. Tafellamp hoogte zonder brander 60 cM. Compleet
met 14ⁿ brander en support (zwart met groen inleg en
goud) *f* 18.30.

No. **435**. Serie III. Mouchoirkap.
25 cM. *f* 3.— zonder witte reflector.
30 „ „ 3.70 „ „ „
35 „ „ 5.— „ „ „
No. **8103**. Schemerlampje hoogte zonder
brander 23 cM. Compleet met 10ⁿ brander
en support *f* 2.60.

No. **2029**/40 cM. Met de hand beschilderde papieren kap
(Zeemeeuw) *f* 10.45.
No. **8129**. Tafellamp hoogte zonder brander 60 cM. Compleet
met 14ⁿ brander en support (cuivre poli) *f* 13.65.

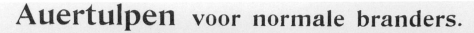

Auertulpen voor normale branders.

No. 811	812	814	815	817	820
[rood manografie	geel krokodil groen	groen manografie	[mat met ster	groen geruit	kristal helder
f 1.20	f 1.30"	f 1.20	f 1.10	f 0.90	f 0.90

'Auertulpen' voor normale gasbranders. Uit: Geïllustreerde prijscourant van Bresser & Wolzak, z.j.

ten. Groot nadeel was het explosiegevaar dat vaak in de hand werd gewerkt door ondeskundige bediening van de 'ontwikkelingstoestellen'. Ook het verwijderen van de kalkresten en het afvoeren daarvan leverden veel overlast op. Een van de producenten was J. Bleuland van Oordt, directeur van een petroleumgasfabriek in Voorburg. In 1895 installeerde hij in het buiten Zorg-

Advertentie van Gautzsch's Gasgloeilicht Maatschappij, onder meer leverancier van Benoidgas-verlichting. Uit: Het Huis Oud & Nieuw, 1912.

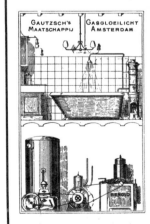

BENOIDGAS-VERLICHTING
— PNEUMATISCHE WATERLEIDING
CENTRALE VERWARMING
— PERSGAS VERLICHTING
voor Villa's, Kerken, Gestichten.

Gautzsch's Gasgloeilicht Maatschappij
AMSTERDAM—Keizersgracht 365/367
Fabriek van Lichtkronen ZALTBOMMEL
- ook volgens teekening. -
• Toestellen op Machinekamer •
- in werking te zien. -

vliet te Ellewoutsdijk een verlichting van 100 pitten. Het jaar daarop kreeg hij van baron Creutz te Wolferts-dijk opdracht zijn jachthuis met 55 pitten te verlichten. Ook sommige bedrijven gingen over op acetyleenver-lichting: de chocoladefabriek van J.C. Vorstman te Slo-ten bij Amsterdam. Ook de plateelbakkerij de Porcel-eine Fles in Delft deed plezierige ervaringen op met zijn acetyleenverlichting: 'het licht is niettegenstaande zijne sterkte aangenaam, en tengevolge van de stabili-teit van de vlam weinig vermoeiend voor de oogen.'[199] Een verlichting die veiliger en eenvoudiger was, vond men in de luchtgasverlichting. In de tachtiger jaren verschafte het toestel van Giraudon de mogelijkheid van 'gas aan huis'. Het door een gasmotor gedreven apparaat werd door de Franse Société du gaz d'air car-buré vervaardigd.[200] Rond 1900 kreeg het Benoid-lucht-gastoestel, dat doorging voor eenvoudig en doelmatig, veel aandacht. 'De verdamping van de gasoline ge-schiedt in een hellende koperen buis, geheel door wa-ter omgeven, waarin de gasoline omlaag stroomt, ter-wijl de toestroomende lucht zich door diezelfde buis omhoog beweegt, dus de gasoline tegemoet.' Het ge-hele proces, waar weinig drijfkracht voor nodig was, voltrok zich in stilte. Het enige dat dagelijks moest ge-beuren, was het 'opwinden van het gewicht' en het bijvullen van de verbruikte gasoline. Hoogstens tien minuten per dag. Behalve voor licht werd het gas gebruikt voor kooktoestellen, geisers en gaskachels.[201] Van Nederlandse origine was een installatie die de gebroeders Van der Made uit Loenen aan de Vecht rond 1900 ontwikkelden. Spanjaard & Co uit Utrecht liet zo'n installatie aanleggen om hun kantoor en magazijncomplex te verlichten.[202]

Als laatste in de rij van de vele 'inventies' noemen we de Belgische aerolamp die op benzine brandde. In 1912 nam de in Den Haag opgerichte Aero N.V. de distributie ter hand. In de brandstofhouder bevond zich een poreuze stof die de benzine opnam, hetgeen volgens ingewijden ontploffing zou voorkomen. In de carburateur werd de benzinedamp vermengd met toegevoerde lucht en verbrand in het gloeikousje.[203] De aerolamp, de spiritus-invertlamp noch de rusticuslamp hebben uiteindelijk een blijvend alternatief kunnen bieden. Na de Eerste Wereldoorlog zou ook het platteland geëlektrificeerd worden.

Acetyleengasfabriek voor 25 lichten met verplaatsbare gashouders. Uit: J.Bleuland van Oordt: Acetyleen-verlichting, 1897.

Elektrische verlichting

De beginjaren

In de laatste decennia van de 19e eeuw deden zich op het gebied van de verlichting ontwikkelingen voor waarvan de doorsnee Nederlander pas na de Eerste Wereldoorlog zou profiteren: elektrische verlichting. Het verschijnsel elektriciteit kende men al veel langer, maar pas in 1844 werd de eerste openbare elektrische verlichting ontstoken. Plaats van handeling was de Place de la Concorde in Parijs waar een booglamp werd ontstoken. Ons land volgde in 1854 met de eerste praktische toepassing van het booglicht tijdens de bouw van een spoorbrug over het riviertje de Mark in de omgeving van Zevenbergen. Het moet een geweldige indruk gemaakt hebben. Het begin was aarzelend: een kleine dertigtal jaren later waren nog maar zo'n 40, veelal openbare gebouwen, voorzien van elektrisch licht. Een snelle introductie leek voor de hand te liggen, maar kosten en slechte bedrijfszekerheid stonden lange tijd een algemene invoering in de weg. In het midden van de jaren '90 was het aantal gebouwen met een aansluiting voor elektrisch licht opgelopen tot 1600. Het aantal aangesloten lampen bedroeg 90.000. In vergelijking tot andere verlichtingsbronnen, was er van een substantieel marktaandeel geen sprake.[204] Elektrisch licht was voorbehouden aan winkels, schouwburgen, hotels, restaurants en fabrieken waarbij voordelen als geringere warmteontwikkeling en nauwelijks brandgevaar van doorslaggevend belang waren.

Aan het einde van de 18e eeuw deed Aloysius Galvani, hoogleraar in de anatomie uit het Italiaanse Bologna,

De zuil van Volta. Uit: P. van Cappelle: De electriciteit, 1893.

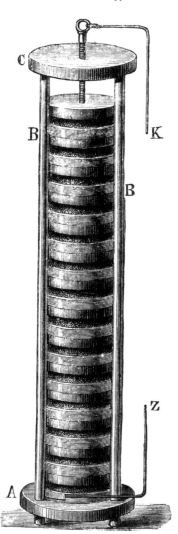

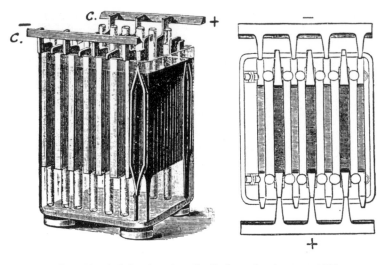

Een accumulator. Uit: A.C. Zoethout Azn: Handboek voor den electricien, 1908.

een belangrijke ontdekking door zijn bekende proef met de kikkerpoten: de zogenoemde 'dierlijke elektriciteit'. Verder experimenteren leidde in 1800 tot de zogenoemde kolom van Volta: een stapeling van galvanische elementen. Elektriciteit werd langs chemische weg verkregen. Elk element bestond uit een zinken en koperen schijfje, gescheiden door een in zuur gedrenkt lapje. Omdat het zinken plaatje van het ene element tegen het koperen plaatje van het daarop volgende element werd gesoldeerd, ontstond een verbinding tussen de afzonderlijke elementen, waardoor

De oorspronkelijke dynamo van Gramme. Uit: P. van Cappelle: De electriciteit, 1893.

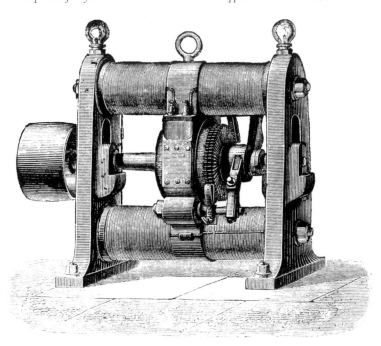

de spanning werd vergroot. De eerste elementen werkten gedurende enige minuten zeer krachtig, waarna de werking verzwakte. Niet bepaald een stroombron met vele praktische toepassingsmogelijkheden. Verbeteringen volgden: Daniell, Smee, Grove, Bunsen, Grenet, Leclanché en vele anderen kwamen met hun eigen element. Een ding hadden alle stroombronnen gemeen: het afgegeven vermogen was te gering om een meer algemene toepassing mogelijk te maken: het bleef hoofdzakelijk beperkt tot galvanotechniek en de telegrafie.[205] De ontdekking van het principe van de magnetische inductie in 1831 door Michael Faraday leverde het inzicht op dat mechanische arbeid elektriciteit kon opwekken, en omgekeerd. Grotere vermogens lagen in het vooruitzicht. Pas met de vinding van het dubbele T-anker in 1856 werd de weg geopend voor kleinere, meer praktische dynamo's. De Belgische ingenieur Zénobe Théophile Gramme werkte een idee van Pacinotti uit en kwam in 1870 met een dynamo waarbij tussen de magnetische polen een ring van zacht smeedijzer draaide. De machine was in staat om gedurende een langere tijd stroom te leveren. De vinding luidde een nieuw tijdperk in op het gebied van de elektriciteitsvoorziening. Vele Gramme-machines vonden hun weg naar de gebruiker. Tegen de achtergrond van efficiency en kosten volgden vele verbeteringen. Uiteindelijk zorgden de dynamo's van Werner von Siemens en F. von Hefner Alteneck in het begin van de zeventiger jaren voor een doorbraak op het gebied van de elektriciteitsvoorziening.[206]

Toen in 1878 de tuin van het Rotterdams hotel Leygraaff werd verlicht door een booglamp, was dat mogelijk door het feit dat men over een eigen dynamo beschikte. Dat lag ook wel voor de hand, want de eerste installaties leverden gelijkstroom en het transport daarvan over grotere afstanden was door grote netverliezen eigenlijk niet mogelijk. Ook hotel restaurant Krasnapolsky in Amsterdam kon gloeilampjes ontsteken dankzij een eigen energievoorziening. In 1883 werd de installatie, waarmee Willem Smit in het land demonstraties had gegeven, geplaatst in hotel Coomans te Rotterdam. Door de naaste buren via luchtleidingen mee te laten profiteren fungeerden deze huiscentrales als 'blokstations' die in principe binnen een bestaand bouwblok elektriciteit leverden. Zolang een en ander zich ver van de openbare weg afspeelde, ging dat zonder bezwaren van de gemeentelijke overheid. In de 19e eeuw zijn er vijf van deze stations geweest. Het product dat het betrokken installatiebedrijf leverde aan de consument, was een totaalpakket dat destijds veelal bestond uit een gelijkstroomdynamo, inclusief accumulatoren, bijbehorende lampen en armaturen.

Bij een elektriciteitscentrale is er sprake van energie-voorziening over een groter gebied. Eind 1883 werd in Rotterdam in een houten uitbouw achter twee huizen aan De Baan een centrale geïnstalleerd. Via een 200 meter lange kabel werd stroom geleverd aan de win-kelpassage aan de Coolvest. De grootste afnemer was echter het grand café Du Passage met 172 lampen. Vanaf 1886 leverde de NV Electrische Verlichting Kin-derdijk te Kinderdijk aan een groot aantal particulie-ren. Het ging hierbij om 11 straatlantaarns en 130 par-ticuliere huishoudens. Lampen en huisinstallaties waren in eigendom van de stroomleverancier die 'elec-trisch licht' leverde. In 1890 werd stroom voor de openbare verlichting geleverd aan de gemeente Krim-pen aan de Lek.[207] Dat de gemeentebesturen niet erg toeschietelijk waren met vergunningen en er vaak 'quaesties' van maakten, hield verband met twijfels over de noodzaak en kwaliteit van elektrische verlich-ting en de mogelijke concurrentie die de (gemeente-lijke) gasfabrieken konden ondervinden. Zo verkreeg in Amsterdam de N.V. Electra in 1888 toestemming om vanuit een bestaande blokcentrale aan de Kalver-straat stroom te leveren aan een klein gedeelte van de binnenstad. In 1890 werd de concessie uitgebreid met stroomlevering voor de gehele stad. In 1892 verrees aan de Haarlemmerweg een heuse centrale. Bijzonder was dat de onderneming geen complete installaties meer mocht leveren en burgers dus binnenshuis vrij waren in de keuze van hun installateur! Het waren ook weer de winkeliers die profiteerden. 'Sinds eenige gebouwen in de Kalverstraat een electrisch licht voor zich uit dragen, is de aanblik der straat bij avond en nacht, van de hoogte der Luciënsteeg gezien, verras-send van theatraal effect. De huizenrij rechts, die in haar ombuiging de overliggende omvat, straalt van een hel witten glans, die zich neerlegt tegen witge-verfde paneelen, uitschittert van de glasruiten, welke tot lichtbrekende diamantjes worden, neervalt op de straat, rust op de enkele stilstaande, ronddraaiende of voortgaande gedaanten, ze omhelst, zoodat ze uit de verte schijnen als engelen in een apotheose van kalk-licht.'[208] Er verrezen in de laatste decennia van de 19e eeuw in totaal negen centrales, waarvan het meren-deel gelijkstroom leverde. Alleen die in Borne en Am-sterdam leverden wisselstroom. Elektriciteit bleef duur. In 1892 lag een aansluiting op een centrale 91% hoger dan die van een vergelijkbare glasvlam! Elek-trisch licht bleef een voorrecht van de gegoeden. Hoge installatie- en onderhoudskosten van de installatie wa-ren voor de gewone burgers weinig aantrekkelijke vooruitzichten. Met name de komst van het gasgloei-licht zette het elektrisch licht toch wel op achterstand. De Opmerker van 25 augustus 1883 gaat uitgebreid in op de vergelijking van gas- en elektrische verlichting.

De dynamo van de firma Siemens en Halske. Uit P. van Cappelle: De electriciteit, 1893.

In 1882 bracht de heer Schulze, hoofdingenieur van Friedrich Siemens en Co te Berlijn, nog naar voren dat gaslicht zich nog gunstig onderscheidde van het elek-trisch licht doordat men het gas steeds in de gashou-ders beschikbaar had en dat men voor elektriciteit voortdurend een elektrodynamische machine' in be-weging moest brengen. Men kon elektriciteit echter niet 'ophoopen', aldus Schulze. 'Thans is dit verschil verdwenen door de uitvinding der accumulatoren', wordt door De Opmerker naar voren gebracht.[209]

Koolspitslicht

Het gegeven dat tussen twee polen een elektrische stroom loopt, leidde in de 19e eeuw onder meer tot de komst van het elektrisch licht. Eerst in de vorm van de koolspitsverlichting en na 1880 gevolgd door het be-kende gloeilicht. Bij het zogenoemde boog- of kool-spitslicht ging men uit van twee koolstofspitsen die, onder spanning gezet, een felle vlamboog produceer-den. Door haar sterkte niet direct een sfeervolle ver-lichting; vandaar dat het alleen in grote gebouwen en voor buitenverlichting werd toegepast. De lichtboog,

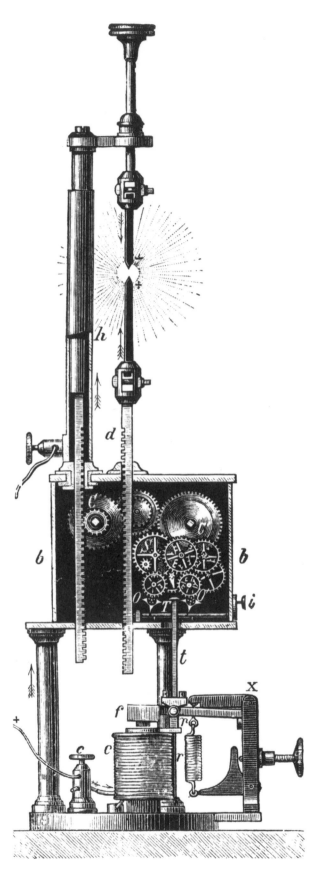

De regulateurlamp van Foucault-Duboscq. Uit: P. van Cappelle: De electriciteit, 1893.

die werd opgewekt door twee tegenover elkaar geplaatste koolstofspitsen, werd in 1808 voor het eerst voor publiek gedemonstreerd door de scheikundige Sir Humphry Davy, hoogleraar aan het Royal Institution in Londen. Tweeduizend elementen, opgesteld in 200 groepen van 10 in de kelder, zorgden voor het benodigde spanningsverschil tussen de polen. De kleine spitsen bestonden uit houtskool, die eerst in vuur was gegloeid en vervolgens in kwikzilver geblust, om ze beter geleidend te maken. Bij de eerste proeven brandden deze kwalitatief slechte spitsen snel in, omdat het proces zich in de zuurstofrijke buitenlucht afspeelde. Ook de kwaliteit van de galvanische elementen liet te wensen over, omdat ze niet in staat waren om gedurende een langere tijd een constante stroom te leveren.[210] In 1844 kwam door intensief onderzoek van de Franse fysicus Leon Foucault voor de koolspitsen de zogenaamde retortenkool beschikbaar, die langzamer inbrandde. Deze nieuwe grondstof was een bijproduct van de lichtgasfabricage. De uitvinding van het Bunsenelement in 1842 betekende een aanmerkelijke verbetering van de stroombron, met gunstige gevolgen voor de booglampverlichting. Koolspitsen hadden dus de eigenschap dat ze langzamerhand opbrandden, waarbij zelfs een deel 'verstuift'. De afstand tussen de spitsen werd daardoor steeds groter, waardoor de boog van Volta deze tussenruimte niet meer kon overspannen en doofde. Daarbij kwam nog dat de spitsen bij gelijkstroom niet gelijkmatig afbrandden. Bij gelijke dikte brandde de positieve spits ongeveer 2,5 maal sneller af dan de negatieve: daarom gebruikte men spitsen die qua dikte van elkaar verschilden in een verhouding 1,5 tot 1.[211]

Men stond dus voor de opgave een mechanisme te ontwikkelen waardoor de afstand tussen de spitsen constant werd gehouden. In principe kon dat handmatig gebeuren met behulp van stelschroef en tandheugel. Het met de hand regelen van booglampen was geen aantrekkelijk vooruitzicht. Men moest iets vinden waardoor het regelen automatisch gebeurde. Dat gebeurde aanvankelijk door een uurwerk dat er voor moest zorgen dat de afstand tussen de staafjes gelijk bleef. Niet zo eenvoudig, omdat het afbranden van de spitsen niet synchroon in de tijd verliep. Gaandeweg ontwikkelde men allerlei systemen hiervoor: 'regulateurs'. Velen stortten zich op het probleem; vele booglampstelsels waren het resultaat. In 1848 kwamen Foucault en Duboscq met een systeem waarbij de veerkracht van een uurwerk er voor zorgde dat beide staven bij te ver inbranden naar elkaar toe werden geschoven. Deze druk werd gereguleerd door een elektromagneet in de stroomkring. Naarmate de staven inbrandden, nam de stoomsterkte af en werd de werking van de magneet geringer, waardoor de veerkracht van het uurwerk weer de overhand kreeg en de staven naar elkaar drukte. Er werd naarstig gezocht naar oplossingen het uurwerk weg te laten en de oplossing binnen de stroomkring zelf te vinden. Dat kon bijvoorbeeld bereikt worden door de beweging van een van de spitsen te koppelen aan een beweeglijke kern in een spoel.[212] De beste oplossing voor het probleem was wellicht een booglamp zonder regulateur. Een systeem met vele bewegende onderdelen was nu eenmaal kwetsbaar. Het was de Russische officier Jablochkoff die een baanbrekende vinding deed. Om het probleem van de constante vlamboogafstand op te lossen, plaatste hij beide koolspitsen naast elkaar – gescheiden door kaolien – waardoor als het ware een kaars ontstond: de zogenaamde Jablochkoffkaars, een concept dat in de gehele wereld navolging zou vinden. Een uitvinding – een booglamp zonder regulateur – met verstrekkende gevolgen. De prachtige Jablochkoffverlichting, bestaande uit 32 lampen aan de Avenue de l'Opéra ter gelegenheid van de Parijse tentoonstelling in 1878, had tot gevolg dat de aandelen van de gasproducenten kelderden.[213] De kaarsen brandden op wisselstroom, waardoor voorkomen werd dat de positieve koolstaaf sneller verteerde dan de negatieve staaf. Bovendien loste hij het probleem van de 'stroomverdeling' op. Een groot probleem bij de toepassing van booglampen was aanvankelijk de wijze waarop deze in de stroomketen waren geschakeld: in serie. Dit had tot gevolg dat, wanneer een van de spitsen was opgebrand, de stroom werd onderbroken, waardoor alle andere in serie voorkomende lampen ook uitgingen. Zelfs het reguleren van de vlamboog in een van de lampen had direct gevolgen voor de andere in de stroomkring. Men had dus een probleem met wat men de 'verdeling' van het licht noemde. Jablochkoff loste in 1876 dit probleem op door de lampen parallel te schakelen, waardoor elke lamp onafhankelijk van elkaar aan of uit gedaan kon worden. De vreugde was echter van korte duur. In 1879 kwam namelijk de differentiaallamp van Von Hefner Alteneck op de markt, wat de Jablochkoffkaars spoedig overbodig zou maken. Het publiek kon er ter gelegenheid van de nijverheidstentoonstelling in Berlijn mee kennis maken. Bij de differentiaal booglamp zijn twee spoelen aanwezig, waarvan de een in serie wordt doorlopen door de stroom van de boog en de andere parallel aan de lichtboog ligt. Beide spoelen beïnvloeden dus de afstand tussen de koolspitsen in tegengestelde zin en de regeling van het geheel heeft zodanig plaats dat de gewenste afstand de beide spoelen het mechanisme in evenwicht houdt.[214]

Of het booglicht nu zo'n succes was, valt te bezien. Dr. L. Bleekrode refereert in het begin van de 20ste eeuw aan de situatie van voor 1870, toen met uurwer-

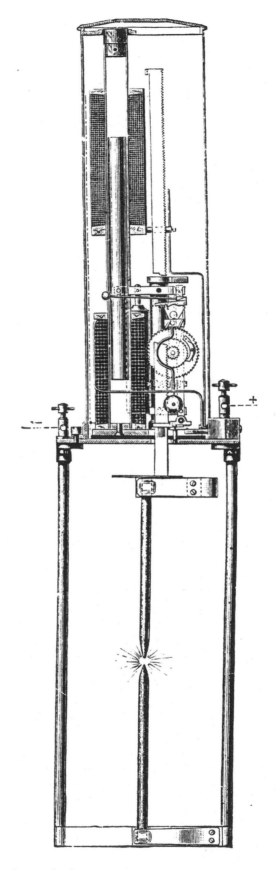

De eerste booglamp met regulator werd in 1878 uitgevonden door Von Hefner-Alteneck. De regulering van de koolspitsen is zeer nauwkeurig. Uit: P. van Cappelle: De electriciteit, 1893.

ken vergeefs geprobeerd werd licht met constant effect te verkrijgen en 'het herhaalde knarsen, flikkeren en uitdooven, die de elektrische booglamp kenmerkten, te vermijden'.[215] Ondanks het gasgloeilicht en de gloeilamp hebben de booglampen het nog lang volgehouden, vooral als straatverlichting. Producenten weerhielden zich er niet van met nieuwe producten

op de markt te komen. Een voorbeeld daarvan was de uit 1901 daterende Bremerlamp, vernoemd naar zijn uitvinder Bremer uit Neheim am Ruhr. Bremer onderzocht zowel de invloed van mengsels in de koolstaven als de meest geschikte hoek die de staven ten opzichte van elkaar moesten innemen om de gunstigste lichtopbrengst te krijgen. Meerdere firma's zouden

Het kwetsbare mechanisme van de booglampen moest worden beschermd. Door ornamentatie werd aan het geheel een 'sierlijker aanzien' gegeven. Een metalen draadnet diende bij breuk ongelukken te beperken. Uit: P. van Cappelle: De electriciteit, 1893.

De Jablochkoff-kaars bestond uit twee verticale koolstaven die door een laagje gips waren gescheiden. Uit: P. van Cappelle: De electriciteit, 1893.

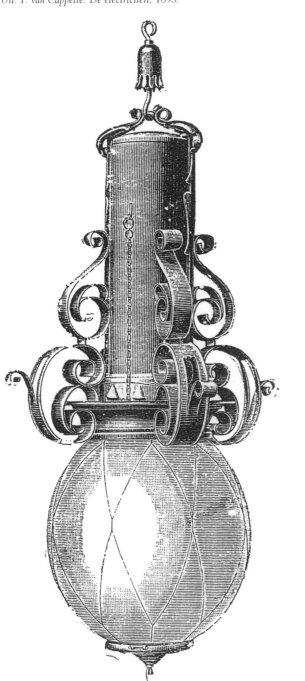

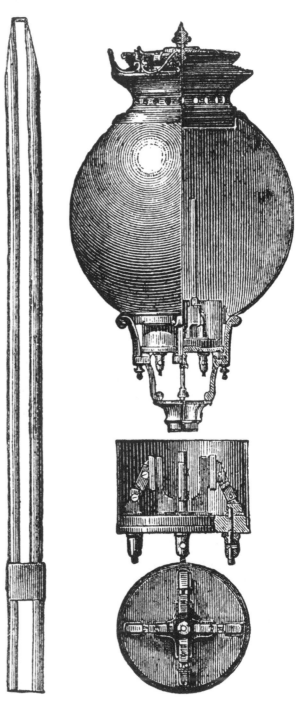

zich op de markt van de 'effectkolen' werpen.[216] De booglamp bond de strijd aan, het zou een gevecht worden dat pas rond de Eerste Wereldoorlog definitief werd beslecht.

Het mag duidelijk zijn dat het mechanisme van een booglamp uiterst kwetsbaar was. Men diende het geheel te omgeven door een gemakkelijk te verwijderen bus, waarbij men het geheel 'door ornamentatie een sierlijker' aanzien kon geven. De lichtbron zelf werd aanvankelijk afgeschermd door een gematteerde glazen bol. Later werd hiervoor opaalglas gebruikt, waardoor een zekere spreiding van het licht werd bereikt. 'Men heeft zich veel moeite gegeven om de booglamplantaarn een voor het oog aangenaam uiterlijk te geven, maar het is nog niet gelukt er een werkelijk kunstgewrocht van te maken.' Dat lag niet zozeer aan de vormgevers, maar eerder aan het cilindervormig verlengsel, 'de schoorsteen', waarin het mechanisme was ondergebracht. Voor zover de booglampen binnenshuis werden gebruikt, heeft men getracht het reguleerwerk in te korten, waardoor de 'schoorsteen' kon fungeren als een meer geornamenteerde bekroning van de ballon. Omdat de koolspitsen geregeld vervangen moesten worden, werden de lampen zodanig opgehangen dat ze gemakkelijk naar beneden konden worden gelaten. Binnenshuis gebeurde dat met behulp van kabels en katrollen, bij de openbare straatverlichting werden zogenaamde tuimelpalen gebruikt.[217]

Gloeilicht

Rond 1880 hield men zich op een vergadering van de Maatschappij tot bevordering der bouwkunst onder meer bezig met de vraag in hoeverre elektrisch licht bruikbaar was in gebouwen. Een ding was duidelijk: door de grote sterkte van het booglicht was het eigenlijk niet in huis te gebruiken. De hoeveelheid licht was veel te groot. 'Zoolang dus niet, evenals bij het pijpgas, het elektrische licht in kleine hoeveelheden verdeeld en geregeld kan worden, is het gebruik daarvan binnenshuis voor gewone lokalen niet denkbaar.' Daarbij kwam nog dat bijvoorbeeld een Jablochkoffspits slechts 1 uur brandde en dan vervangen moest worden. De constructie was dus niet ideaal, maar ook de hoge prijs – elektrisch licht zou ruim twaalf maal zo duur zijn als een vergelijkbare hoeveelheid gaslicht – zou algemene toepassing onmogelijk maken. Wat betreft de nieuwe vinding van Edison was de vergadering duidelijk: 'De berichten uit Amerika van de uitvinding van Mr. Edison dragen het kenmerk van courantenwetenschap en groote overdrijving.'[218] Het is echter anders gelopen!

Eind oktober 1879 deed de Amerikaan Thomas Alva Edison een belangrijke uitvinding in zijn werkplaats te

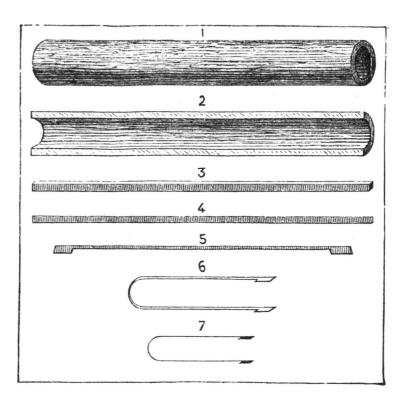

De vervaardiging van bamboe tot kooldraad. Uit: De Natuur, 1882.

Menlo Park, New Jersey: de kooldraadlamp. Over belangstelling had hij niet te klagen. Op 31 december kwamen 3000 mensen kijken naar het eerste in de buitenlucht ontstoken gloeilicht. Een vinding waar menig huisgezin op den duur de vruchten van zou plukken. Een hoef- of lusvormig gebogen kooldraad werd in een gesloten glazen luchtledig omhulsel tot gloeien gebracht. Een lange weg was aan deze kooldraadlamp voorafgegaan. Aanvankelijk trachtte men dunne metalen draden tot gloeien te brengen, maar te hoge temperaturen deden de gloeidraad smelten. De Engelsman Joseph Wilson Swan en Edison waren de eersten die ongeveer gelijktijdig een praktisch bruikbare lamp wisten te ontwikkelen. De eerste kooldraadlampen van Edison, met draden van verkoold papier, hadden een brandduur van enige honderden uren. Later verving hij het kwetsbare papier door verkoolde bamboevezels. In 1881 kon de wereld op de belangrijke internationale elektriciteitstentoonstelling in Parijs zijn lampen bewonderen. Edison pakte de zaken voortvarend aan door overal fabrieken en vertegenwoordigingen te stichten. Zijn verdienste, is dat hij een compleet verlichtingssysteem ontwikkelde, waaronder dynamo's, lampen, schakelaars en zekeringen. Het is een succesvol pakket gebleken. Rookontwikkeling, flikkerend branden, zo kenmerkend voor de koolspitslamp, behoorden tot het verleden. De 'peertjes' van Edison gaven een rustig licht en omdat de lampen gesloten waren, was het brandgevaar tot een minimum beperkt.

Gloeilampen van Edison met een spiraalvormige U-vormige kooldraad. Uit: De Natuur, 1882.

Gemakkelijk aan en uit te doen, geen luchtverontreiniging meer en zwarte muren en plafonds behoorden in vergelijking met de ouderwetse verlichtingsmethoden definitief tot het verleden. Door de geringe lichtsterkte, in vergelijking met de ouderwetse booglamp, de ideale lamp voor huisverlichting.[219]

Ook Nederlandse ondernemers waagden zich op het pad van de gloeilampfabricage en legden zo de grondslag voor een geheel nieuwe industrie. In 1883 werd in Rotterdam de N.V. Electriciteits-Maatschappij, Systeem 'De Khotinsky' opgericht, die zich tevens op de fabricage van gloeilampen toelegde: dagproductie 300 lampen. In Middelburg beproefde Johan Boudewijnse in 1887 zijn geluk. Anderen volgden, onder wie een zekere Gerard Philips. Hij zou de basis leggen voor een onderneming die na de eeuwwisseling zou uitgroeien tot de grootste producent van gloeilampen ter wereld.[220] Toen Philips in 1891 in Eindhoven zijn fabriekje opzette, had men het principe van de verkoolde bamboevezel al verlaten en werkte men met geprepareerde cellulose. Uitgangspunt bij de vervaardiging van de draad vormde gezuiverde katoenen watten die werden opgelost in een geconcentreerde oplos-

Elektrische kooldraadlampen door het Teyler Museum verworven op de Wereldtentoonstelling van Parijs in 1881 en in 1882 (collectie Teylers Museum, Haarlem).

sing van zinkchloride. Deze stroperige vloeistof werd door nauwe gaten geperst, waardoor draden werden verkregen. Op met flanel beklede cilinders werden de draden gedroogd om vervolgens op maat te worden gesneden. Het verkolen van de op grafietklosjes gebonden draden gebeurde in een met grafiet gevulde kroes, waardoor verbranding werd voorkomen. Het proces, waarbij de temperatuur tot 1700° C opliep, duurde vele uren. Omdat kooldraad en glas een verschillende uitzettingscoëfficiënt hebben, kon de kooldraad aanvankelijk niet in glas worden gesmolten. Om dit probleem op te lossen, werden destijds twee platinadraden gebruikt die in het zogenoemde 'brugje' werden gesmolten. De kooldraad werd met behulp van karamel en koolpoeder aan de platinadraden bevestigd. Aan de onderzijde werden koperdraadjes gesoldeerd voor de verbinding met de lampvoet. Omdat de glazen ballons leeggepompt moesten worden, werden deze voorzien van zogeheten 'pompstengels'. Het brugje met de kooldraad werd in de ballon geplaatst, waarna deze werd dicht gesmolten. Het leegpompen van de ballon door de pompstengel gebeurde door een vacuüminstallatie, bestaande uit een mechanische zuigerpomp en een kwikpomp. Tenslotte werd de pompstengel dicht gesmolten, waardoor het zo typerende puntje op de lamp ontstond. Op het moment van bestelling werd de lamp afgemonteerd door er met gips een fitting aan te zetten.[221]

In verhouding tot de toegevoerde energie was het lichteffect van de kooldraadlamp laag te noemen. Opvoering van de stroom zou de draad echter doen verstuiven, wat de lichtopbrengst weer nadelig beïnvloedde, omdat de ballon van binnen zwart werd. Onderzoek richtte zich op nieuwe materialen voor de gloeidraad. In 1897 vond Walther Hermann Nernst uit het Duitse Jena de naar hem vernoemde Nernstlamp uit en Auer von Welsbach, de uitvinder van het gloeikousje, verving de koolstofdraad door het duurzamere metaal osmium. Kort na 1900 werden deze osmiumlampen – de eerste bruikbare metaaldraadlamp – op de markt gebracht. Een lamp die zeer gevoelig was voor stoten en slechts in verticale stand bruikbaar was om te voorkomen dat de gloeidraad doorzakte. In 1905 kwamen de Osramfabrieken met een gloeilamp waarvan de gloeidraad bestond uit een legering van osmium en wolfram. In 1912 lukte het dunne wolframdraden te trekken. De komst van de wolframlamp betekende een doorbraak: in vergelijking met de traditionele kooldraadlamp, leverde deze drie keer zoveel licht en dat bij een veel langere levensduur. De zegetocht van de elektrische verlichting kon beginnen.[222]

Elektrisch licht binnenshuis
Bij het laten branden van elektrisch licht kwam heel

wat kijken. Het was alleen al vanwege de kosten en het bedieningsongemak voor velen lange tijd geen reëel alternatief voor verlichtingsdoeleinden. De eerste elektriciteitstoepassing in de huishouding was overigens ten behoeve van 'schelinrichtingen' als vervanging van de traditionele trekbellen. In 1868 werd namelijk door Leclanché het bruinsteenelement uitgevonden, dat de

De vervaardiging van de peertjes. Uit: De Natuur, 1882.

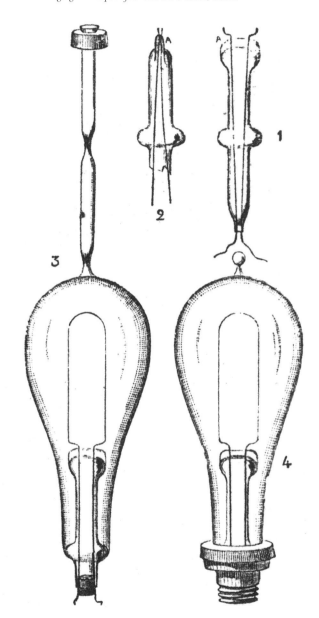

1. De bevestiging der platinum-draden.
2. Het vastsmelten aan den bol.
3. Lamp met de buis, die haar aan (luchtpomp verbindt.
4. De voltooide lamp.

Een bellenbord. Uit: P. van Cappelle: De electriciteit, 1893.

eigenschap had zich na gebruik snel te herstellen en dus uitstekend geschikt was voor elektrische bellen die toch maar kort en met grote tussenpozen werden gebruikt.[223]

Verder bood elektriciteit mogelijkheden het personeel van de huishouding te ontbieden door de heer of vrouw des huize. Daarvoor werd een bijzonder handig systeem ontwikkeld: het zogenaamde nummerbord of nummertableau. Door ergens in het huis op een bel te drukken kon men elders opmaken van waaruit gebeld werd en kennelijk assistentie noodzakelijk was. Een handige vinding die men dus in keukens, bodekamers of portiersloges kon aantreffen. Het toestel bestond uit een rechthoekig plat kastje, waarin evenveel elektromagneten waren aangebracht als ruimtes van waaruit men een signaal wilde geven. Door op een van de bellen te drukken, werd het anker van de betreffende elektromagneet aangetrokken, waardoor het nummer voor een opening viel in de glazen deur met vensters

De aanleg van buizen onder een reeds bestaand stucplafond. Uit: G.J. Harterink: De elektrotechniek in de bouwkunde, z.j.

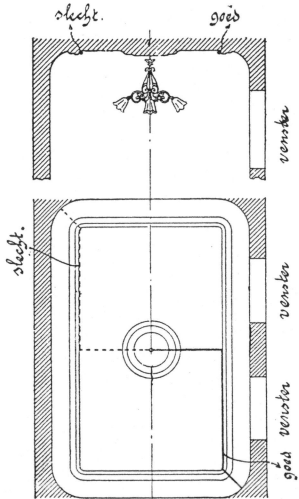

Een bellenbord, officieel een uitvalkast, in geopende toestand. Uit: A.C. Zoethout Azn:.Handboek voor den electricien, 1908.

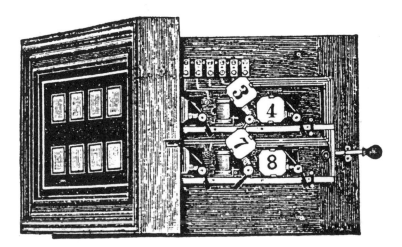

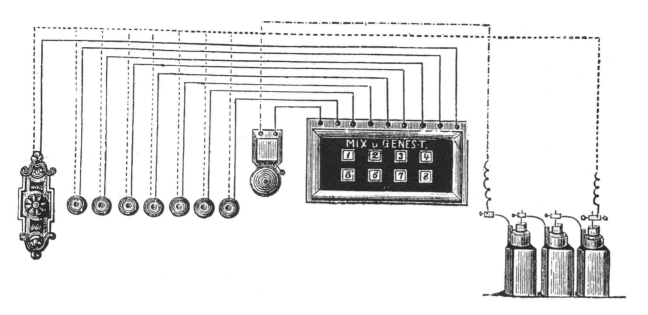

Een 'electrische huistelegraafinstallatie' met een bellenbord, huisschel en mogelijkheden om vanuit zeven ruimten contact te leggen. Uit: I. Jacobson: De electriciteit en hare techniek, 1905.

van het nummerbord, terwijl tevens een bel in werking werd gesteld zolang de bel op de kamer werd ingedrukt. Het was dus een combinatie van een hoorbaar en zichtbaar sein. Het nummer correspondeerde met de kamer waarheen men zich diende te begeven.[224] Voor zover men zich elektrisch licht kon veroorloven, was men aanvankelijk aangewezen op een eigen generator, inclusief de bijbehorende accumulatoren. Het licht brandde in het begin niet rechtstreeks op de generator, maar op accumulatoren. Hoewel het beginsel van de accumulator al in het begin van de 19e eeuw door Gautherot en Ritter werd ontwikkeld, duurde het tot 1859 voordat Gaston Planté een bruikbare loodaccumulator uitvond.[225] Het nut van de accumulator werd rond de eeuwwisseling door A. Ten Bosch als volgt verwoord: 'stel bijv., dat in een fabriek, ten dienste van den nachtwaker, een of twee lampjes moeten blijven branden, dan zou, zonder toepassing van den accumulator, de dynamo den geheelen nacht moeten blijven draaien, waartoe weder een machinist zou moeten blijven werken.'[226] Kortom, het was zuinig en bovendien had men geen last van 'inconstant' licht. De tijd dat een nieuw huis compleet met elektriciteitsvoorzieningen werd opgeleverd, lag nog in het verschiet. Het leggen van een 'geleiding en hare bevestiging' stond nog in de kinderschoenen. 'Bij geen vak ter wereld worden zooveel minderwaardige materialen gebruikt als bij de elektrotechniek: de niet-deskundige kan er niet over oordelen en de gebreken komen eerst later aan het licht', liet Du Four in 1894 weten. Veiligheidsvoorschriften bestonden aanvankelijk niet en de werkwijzen zoals die in de toenmalige handboeken

werden beschreven, stonden uiteraard op gespannen voet met wat wij tegenwoordig gewend zijn. In het begin van de negentiger jaren kwamen onder andere de gemeente Rotterdam en het Koninklijk Instituut van Ingenieurs met voorschriften.

De eerste elektrische draadleidingen werden eenvoudigweg direct op de ondergrond vast gekramd. Dat werd echter niet aanbevelenswaardig geacht, omdat uiteraard de isolatie beschadigd kon worden. In fabrieken en hoge ruimten werden de draden op 'porceleinen isoleerknoppen' gemonteerd: het zogenaamde spanwerk. Dat gebeurde ook in grote woonhuizen, waar tussen de vloeren of achter tengelwerk 'gummibandleidingen' als spanwerk werd aangebracht. Werd een leiding door een balk gevoerd, dan werd het geboorde gat voorzien van een hard gummi buisje. Om de leiding minder te laten opvallen, bestond de moge-

'Een eenvoudige opstelling van een elektrische schel met batterij en stroomsluiter.' Uit: De Natuur, 1882.

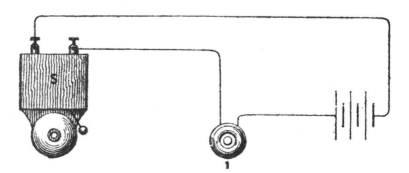

Bellenbord in de keuken van het Teylers Fundatiehuis te Haarlem. Blijkens opschrift afkomstig van Heringe & Wüthrich uit Haarlem.

lijkheid de kleur van isolatoren en draden af te stemmen op de kleur van het behang. Door speciale afneembare bevestigingsmiddelen te gebruiken, kon men tijdens schoonmaakwerkzaamheden de draden tijdelijk verwijderen.

Losse draden waren uiteraard kwetsbaar; beter was het om 'groeflatten' te gebruiken: smalle latten met twee parallel lopende gleuven, waarin de draden werden gelegd. Hierop werden deklatten geschroefd, zodat de draden geheel bedekt waren. De latten waren in aller-

Het principe van de 'geploegd houten lijst'. Uit: S. Freiherr Von Gaisberg: Raadgever bij den aanleg en onderhoud van elektrische verlichting, 1894.

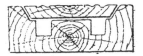
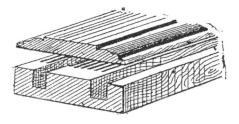

lei houtsoorten verkrijgbaar, waardoor men rekening kon houden met de bestaande betimmering van de ruimte. Vochtproblemen werden bestreden door de latten te vernissen en, voor zover ze op buitenmuren waren gemonteerd, gebruik te maken van porseleinen schijven.

Het lag voor de hand dat waar ijzeren gasleidingen beschikbaar waren, deze voor het trekken van de draadleidingen werden gebruikt. De eerste echte elektriciteitsbuizen waren die van Bergmann en Co uit Berlijn, die in het begin van de negentiger jaren in gebruik kwamen. Deze 'Bergmannsche buizen' bestonden uit spiraalvormig gewonden, geïmpregneerde papieren stroken. Deze werden bestreken met een isolerende en slecht brandbare stof, welke zeer hard werd. De buizen zouden bestendig zijn tegen chemische inwerking. De buizen konden zonder bezwaar in het stuc van de muren worden verwerkt. Daar waar grote kans op beschadiging was, werd gebruik gemaakt van buizen met een stalen of geelkoperen mantel waarin de naam 'Bergmann' was geperst. De buizen werden in een lengte van drie meter in de handel gebracht en konden met 'koperen muffen' met elkaar worden verbonden. Bij de papieren buizen werd dat gedaan door de uiteinden eerst te verwarmen, waardoor de opgebrachte stof

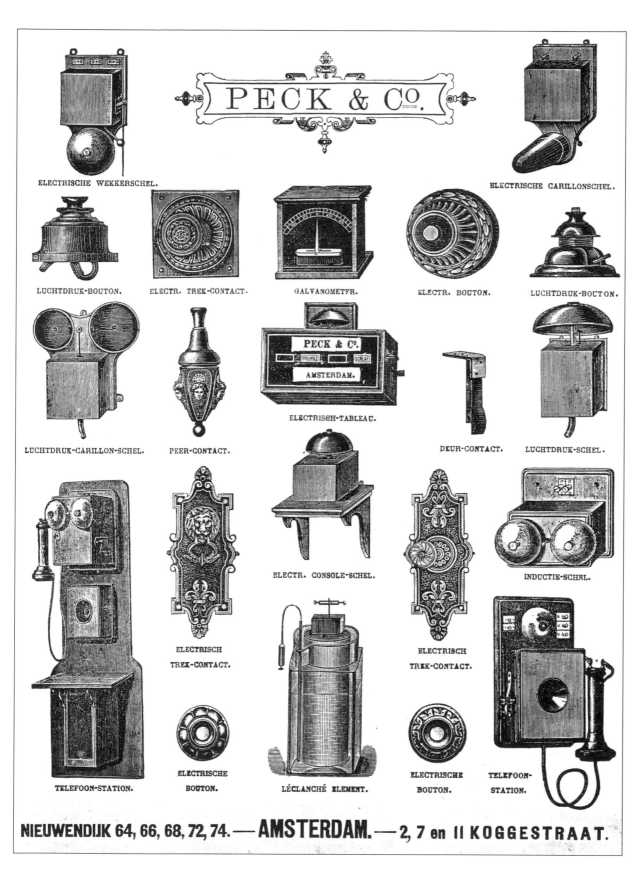

Elektrische artikelen van Peck & Co, Amsterdam, reclameblad, 1889.

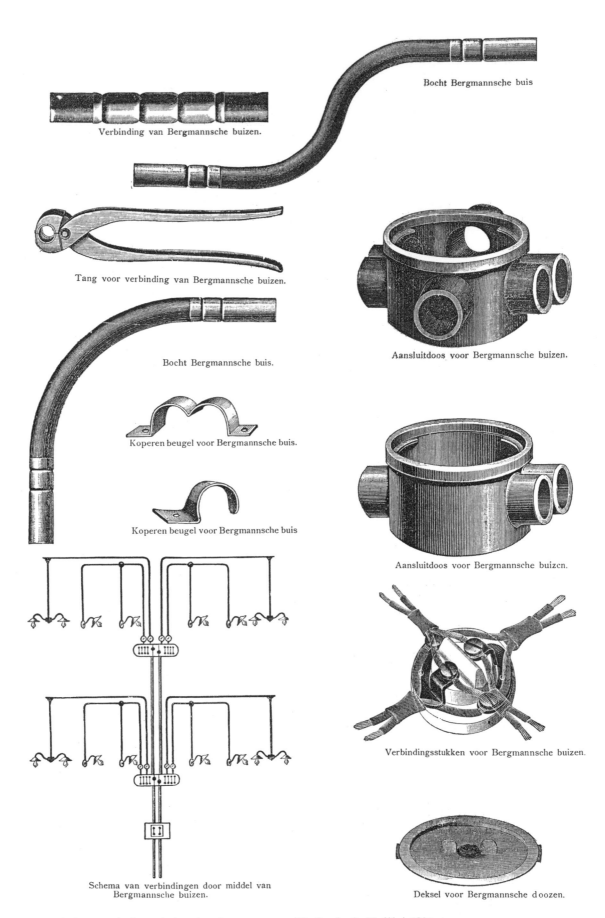

Bocht Bergmannsche buis

Verbinding van Bergmannsche buizen.

Tang voor verbinding van Bergmannsche buizen.

Bocht Bergmannsche buis.

Aansluitdoos voor Bergmannsche buizen.

Koperen beugel voor Bergmannsche buis.

Koperen beugel voor Bergmannsche buis

Aansluitdoos voor Bergmannsche buizen.

Verbindingsstukken voor Bergmannsche buizen.

Schema van verbindingen door middel van
Bergmannsche buizen.

Deksel voor Bergmannsche doozen.

Bergmannsche buizen, verbindingen, bochten, beugels en montagetang. Uit: Bouwkundig Weekblad, 1894.

zacht werd. Met een speciale tang werd ter plaatse van de verbinding een kneep gemaakt. De bevestiging van de buizen gebeurde aanvankelijk met binddraad of ijzeren krammen; later werden daarvoor speciale beugels gebruikt. Op plaatsen waar de leiding zich moest vertakken, werden papieren of nog liever gietijzeren dozen gebruikt. Ter afsluiting werd een deksel met een bajonetsluiting gebruikt die na installatie altijd de mogelijkheid bood om bij de bedrading te komen. Bij de aanleg van de leidingen werd er dus naar gestreefd deze zoveel mogelijk aan het zicht te onttrekken door ze tussen vloeren en achter tengelwerk weg te werken. Was dat niet mogelijk, dan werd zoveel mogelijk geprofiteerd van de in het vertrek aanwezige schaduwzones, die afhankelijk waren van de bezonning. In geval (kroon)lijsten aanwezig waren, konden de leidingen fraai worden weggewerkt.

Bij een installatie behoorden uiteraard de 'stroombrekers' of 'stroomsluiters' om het licht aan of uit te doen. Door een op een grondplaat aangebrachte schakelhefboom te bewegen, werd de hefboom geleidend met een contact verbonden. Aanvankelijk werd de grondplaat van dergelijke stroombrekers van hout gemaakt, maar dat kon vlam vatten, waardoor men snel

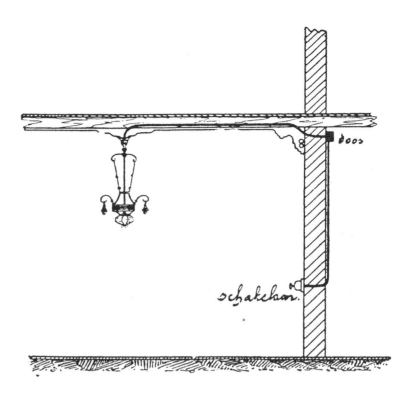

Het wegwerken van buizen achter een reeds bestaand stucplafond. Uit: G.J. Harterink: De elektrotechniek in de bouwkunde, z.j.

'Bergmannbuis' zoals die soms bij verbouwingen in het zicht komt.

107

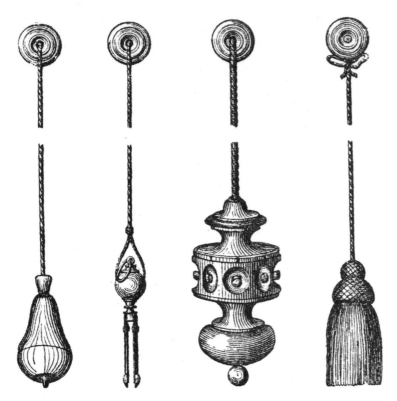

Beweegbare stroomsluiters. Uit: De Natuur, 1882.

overging op porselein of marmer. In vergelijking met de huidige schakelaars, werd nog geen gebruik gemaakt van een veer, waardoor het ontstaan van een vlamboog niet ondenkbaar was. Dat moest veranderen: 'om het uitschakelen snel en volledig te doen geschieden wordt gebruik gemaakt van veeren, – spiraal- of bladveren, – of van het gewicht van den hefboom.' Bij de eerste schakelaars werd een loodstripje ingebouwd ter beveiliging van de bijbehorende lamp: een ingebouwde stop.

Om de gevolgen van kortsluiting tegen te gaan, waren dus 'loodsluitingen' nodig. Tegenwoordig spreken we van stoppen of smeltveiligheden. Bij kortsluiting, het

Een stroomsluiter met twee verende plaatjes. Uit: De Natuur, 1882.

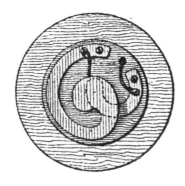

geval dat twee stroomdraden tegen elkaar aan komen wanneer bijvoorbeeld de bekleding beschadigd is, valt de weerstand van de lamp weg en neemt de stroomsterkte zodanig toe, dat de draden smelten, waarbij dus gevaar voor brand dreigt. In zijn eenvoudigste vorm was de loodsluiting een doosje waarin tussen twee polen een reepje lood of tin was gemonteerd, dat smolt wanneer de stroomsterkte in de leiding toenam.[227]

Elektrische huisverlichting, het was aanvankelijk voor weinigen weggelegd. Omdat elektriciteitsmeters erg duur waren, voerden de centrales zogenaamde abonnementslampen waarvoor ze vaste week-, maand- of jaartarieven rekenden. Anderen verhuurden huisinstallaties of stelden deze zelfs kosteloos ter beschikking. Dit tegen de achtergrond het stroomverbruik te doen toenemen. Toen in 1901 leden van het Koninklijk Instituut van Ingenieurs het centraalstation voor elektrische stroomlevering te Hilversum bezochten, wees hun gastheer C.D. Nagtglas Versteeg op de spreekwoordelijke zuinigheid van de Hollanders wanneer het om de verlichting van de woningen ging. Het viel volgens Nagtglas niet te ontkennen dat de gloeilamp driemaal duurder was dan het gloeikousje of de moderne petroleumlamp. Maar: 'Ook ons publiek krijgt langzamerhand oog voor de niet te miskennen, belangrijke voordeelen der electrische verlichting en krachtoverbrenging. Het is maar al te vaak onbekendheid daarmede, die een minder sympathieke houding te weeg brengt.' Het wachten was volgens hem wel op een betere lamp die de weinig economische kooldraadlamp zou kunnen vervangen. Reikhalzend keek hij uit naar de introductie van de toentertijd veel belovende Nernstlamp.[228]

Toen in augustus 1890 het Victoriahotel in Amsterdam haar poorten opende, bracht recensent C.W. Nijhoff een bezoek aan de nieuwe creatie van architect Henkenhaff. Het gebouw was voorzien van eigentijdse installaties, zoals centrale verwarming en elektrisch licht. 'Op elke kamer bevindt zich een knopje, dat in verbinding staat met een gloeilampje, in het plafond aangebracht, terwijl grootere kamers en salons zeer nette electrische kronen bevatten.'[229]

Met de komst van de elektriciteit deed zich uiteraard het probleem voor van de vormgeving van de elektrische armaturen. In fabriekslokalen deed zich het probleem niet voor en waren geen 'verfraaiende kunsten' nodig, zo dacht men rond 1890, maar er waren ook omgevingen waar dat niet opging: 'in de prachtige lokalen van onze moderne koffiehuizen en in de straten van onze groote steden.' Derhalve ontstond, aanvankelijk vooral in Duitsland en Engeland, een uitgebreide industrie die zich toelegde op het vervaardigen

De 'Bloemenmand', een elektrische hanglamp van de Amsterdamse fabriek van Bresser en Wolzak uit het begin van de 20ste eeuw. Uit: Geïllustreerde prijscourant van Bresser & Wolzak, z.j.

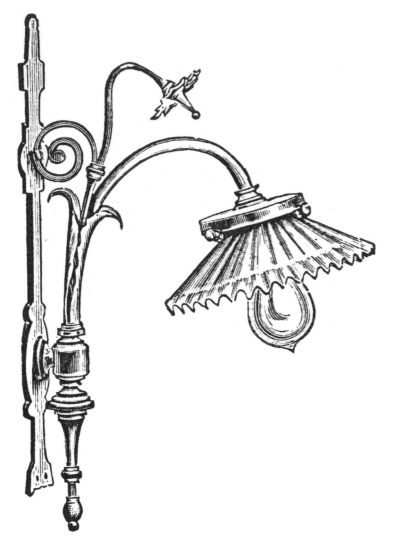

Engelse wandarm voor een gloeilamp. Uit: P. van Cappelle: De electriciteit, 1893.

Bestaande wandarmaturen voor gaslicht werden eenvoudigweg aangepast door er een 'lampenhouder met beugel' aan te bevestigen. Uit: P. van Cappelle: De electriciteit, 1893.

van armen en kronen voor elektrische licht. Het ontwerpen van armaturen voor elektrisch licht was, in vergelijking tot de traditionele armaturen, een stuk eenvoudiger. Bij de traditionele olie- en gasverlichting moest men altijd rekening houden met het gegeven dat de vlam van de lichtbron verticaal moest staan. Dat had het bezwaar dat onder de lichtbron – waar men juist het meeste licht nodig had – een schaduwkegel ontstond. Een gloeilamp kon echter naar alle kanten gericht worden en dat betekende een veel grotere vrijheid bij het ontwerp van de armatuur. Toch bleef men aanvankelijk aan de traditionele vormen vasthouden, omdat men niet zo snel over nieuwe modellen kon beschikken. Bovendien werden talrijke gasarmaturen geheel of gedeeltelijk geschikt gemaakt voor elektrische verlichting, waarbij gas als noodverlichting bleef fungeren.[230] In de Eerste Wereldoorlog werden dergelijke 'gecombineerde kronen' niet meer aanbevolen. Wel werd geadviseerd dat degene die veel moest verhuizen, speciale lichtarmaturen moest kopen 'die zich door het verwijderen der geleidingen en door het aanschroeven van hanggasbranders gemakkelijk voor gaslicht laten inrichten.'[231] Je kon maar nooit weten waar je terechtkwam.

Er moet rond de Eerste Wereldoorlog, toen vele huisgezinnen werden aangesloten op elektrisch licht, veel zelfwerkzaamheid aan de dag gelegd zijn. De vele nog aanwezige 'harpkroontjes' voor de gasverlichting werden aan de nieuwe tijd aangepast. In de gasleiding, die vanaf het plafond naar het kroontje liep, werd een snoer getrokken met bijvoorbeeld een 'geel zijden omspinning'. 'Op de plaats waar het kelkje hangt, dus onder aan de rechte stang, wordt een gaatje geboord, waardoor het snoer moet uitkomen, en hangen we aan dit snoer een lamphouder zoodanig, dat de lamp juist in den ballon hangt.' Het snoertje kon door gebruikmaking van een koperen buisje aan het oog worden onttrokken. 'Is het kroontje stevig en solide, dan kan men tevens de onderzijde van de harp, dus het gedeelte waar het gaskraantje inzit, vlak onder den ballon afzagen.' Beschikte men over meerarmige gaskronen, dan werden deze een halve slag gedraaid, waardoor de lampen naar beneden kwamen te hangen. Om de montage van de nieuwe lamphouders op de armen of spruiten mogelijk te maken, had men 'verloopnippels' met binnen- en buitenschroefdraad.[232] Ook kon men de petroleumlampen zelf gemakkelijk aanpassen. De brander werd eruit geschroefd, waarna met een 'petroleumnippel' de lamphouder met snoer werd ingedraaid.[233] Om ongelukken te voorkomen, was goede isolatie ten opzichte van de reeds bestaande gasleiding noodzakelijk. Daarvoor was een speciaal isolatiestuk verkrijgbaar. Dat men aan petroleumlicht verknocht was, blijkt uit het feit dat armaturen met

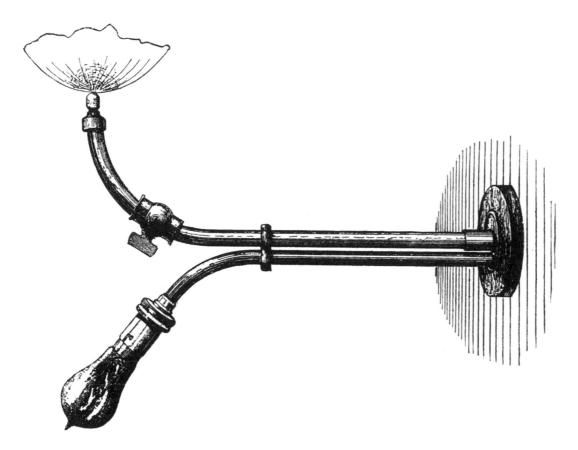

Een 'als meer dan bevredigend ervaren combinatie van gas- en gloeilicht'. Uit: P. van Cappelle: De electriciteit, 1893.

een ingebouwde regelbare weerstand verkrijgbaar waren, waarmee men de lamp als vanouds omhoog of omlaag kon draaien.

Men maakte vorderingen, naar wij mogen opmaken naar aanleiding van de opening in 1902 van het nieuwe restaurant in het Kurhaus te Scheveningen. De Nederlandsche Gasgloeilicht-Maatschappij uit Amsterdam tekende voor de 'electrische verlichtingsvoorwerpen' van geel gepolijst geel koper, waaruit bleek dat 'de metaalbewerking in ons land de concurrentie met buitenlandsch werk glansrijk kan doorstaan'. Men was onder de indruk van de 'wandlichten' die 'zeer goed van vormen en onberispelijk van uitvoering' waren.[234]

Daar waar wij tegenwoordig alle moeite doen de gloeilamp aan het zich te onttrekken, vonden onze voorouders dat de lichtbron best gezien mocht worden. Er moet worden bijgezegd dat de lichtopbrengst niet met onze huidige gloeilamp is te vergelijken.

Een voor de huiskamer geschikte kroon voor gas- en elektrisch gloeilicht. De kroon was eenvoudig, 'daar de rijkere vormen allicht zouden gaan vervelen'. Uit: P. van Cappelle: De electriciteit, 1893.

Muziekzaal van het gebouw Felix Meritis met zicht op de ventilatieopening in het plafond. De verlichting geschiedt met argandlampen.
Uit: Grondteekeningen van het gebouw der Maatschappije van verdiensten, ter spreuke voerende Felix Meritis, etc, 1789.

Voorbeelden van installatietechniek

Het gebouw Felix Meritis te Amsterdam

Op 7 juli 1787 werd de eerste steen gelegd voor een
markant gebouw aan de Amsterdamse Keizersgracht:
Felix Meritis. Het was het onderkomen van de Maatschappij Felix Meritis. Het genootschap, een typische
exponent van de 18e eeuwse Verlichting, groeide ge-
staag en in 1786 werden de eerste voorbereidselen ge-
troffen voor de oprichting van een eigen gebouw. De
bouwcommissie besloot een prijsvraag uit te schrijven
en eind maart 1787 werd Jacob Otten Husley beloond
met de eerste prijs: 70 dukaten.
De bouw verliep voorspoedig en eind oktober 1788
werd het gebouw officieel geopend. Er kwamen geregeld vele mensen bijeen om bijvoorbeeld muziekuit-
voeringen of natuurkundige demonstraties bij te wonen en dat stelde uiteraard de nodige eisen aan het
binnenklimaat. De ventilatie van de muziekzaal kreeg
veel aandacht, daar 'de ademhaling van 600 menschen
waaronder bijna 300 dames die gaarne op warme stoven zitten, het stooken van kachels, kaarssen etc.
noodzaakelijk vereischen, dat de Zaal zo lugtig als im-
mer mogelijk is gehouden, wil men niet telken wijze
de Lieve Juffen door de Vapeurs in onmagt en zwijm
zien vallen'. De aanvoer van verse lucht werd mogelijk
gemaakt door een rond lopend kanaal op vloerhoogte,
dat met schuiven bediend werd. De verse lucht werd
betrokken uit de galerij die rondom de muziekzaal
liep. De warme lucht in de muziekzaal trok op en naar

*Doorsnede van het gebouw Felix Meritis. Via openingen in de plafonds werd de vervuilde
lucht naar buiten afgevoerd. Uit: Grondteekeningen van het gebouw der Maatschappije van
verdiensten, ter spreuke voerende Felix Meritis, etc, 1789.*

*Ventilatie door de plint van de Muziekzaal in het gebouw Felix Meritis,
zoals ontworpen door de architect.*

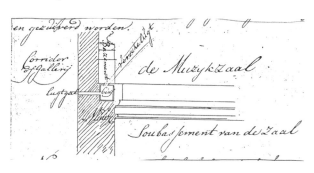

gelang men de schuiven opende, kon verse lucht vanuit de galerij toestromen. Het door Husley aangebrachte systeem voor de afvoer van lucht bestond uit
een rond gat in het plafond, dat afgedekt was door een
op een raam gespannen wit doek dat neer gelaten kon
worden om de opening vrij te maken.[235]

De kas op Sparenberg te Santpoort

De Engelsman William Atkinson stond aan de basis
van de eerste warmwaterverwarming in een kas op het
landgoed Sparenberg te Santpoort. Vanaf de 17e eeuw

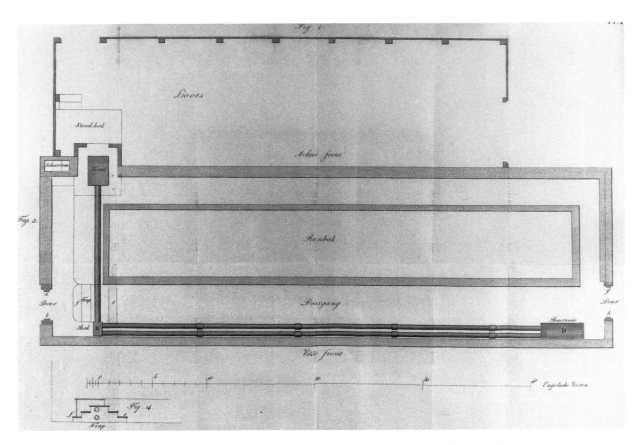

Plattegrond van een kas op Sparenberg met verwarmingsbuizen. Uit: G. Moll, Over het verwarmen van Stookkassen met heet water, 1829.

Details ketel, bak, reservoir en ligging buizen van een kas op Sparenberg. Uit: G. Moll, Over het verwarmen van Stookkassen met heet water, 1829.

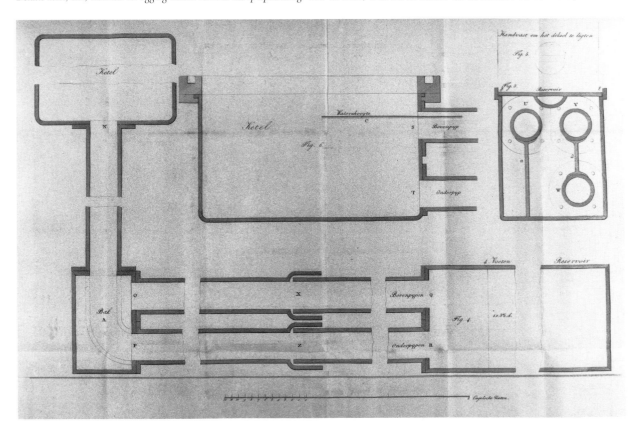

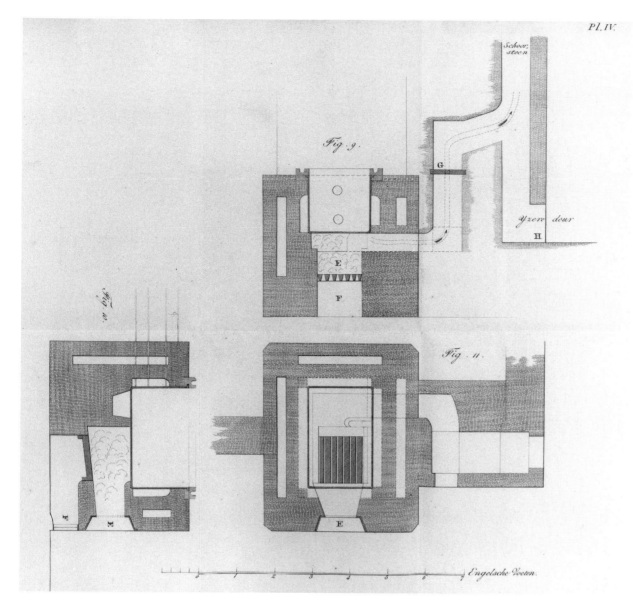

Doorsnede van de gemetselde oven met ketel en schoorsteen van een kas op Sparenberg. Uit: G. Moll: Over het verwarmen van Stookkassen met heet water, 1829.

werden kassen en oranjerieën met kachels verwarmd. In het begin van de 19e eeuw kwam de warmwaterverwarming in zwang. Het waren de Engelsen Anthony Bacon en William Atkinson die in 1822 het principe van de warmwaterverwarming in de kassen toepasten.[236]

De Utrechtse hoogleraar G. Moll publiceerde in 1829 zijn boek 'Over het verwarmen van Stookkassen met heet water', waarin hij onder meer verslag deed van de ervaringen op Sparenberg. Atkinson leverde voor deze kas tekeningen en een projectbeschrijving. Tegen de kas was een houten bergloods gebouwd, waarin de ketel werd gestookt die een centrale rol vervulde bij de circulatie van het water. Verwarmd water werd van hieruit door een gietijzeren bovenleiding naar een

gietijzeren bak geleid aan de langszijde van de kas. Een tweetal bovenleidingen voerde het water naar het 'reservoir' aan het einde van de langszijde. Aangekomen in het reservoir was het water door warmteafgifte zoveel zwaarder geworden, dat het via een lager gelegen retourleiding – onder de gietijzeren bak door – terugstroomde naar de ketel. Verwarming hier veroorzaakte een stijgende beweging, waardoor het water aan een volgende omloop begon. In de kas was het gehele – zwart geverfde – systeem bovengronds aangelegd. Op het metselwerk rond de ketel was een houten rand met groef aangebracht. Alvorens het houten deksel erop te leggen, werd deze groef met water gevuld, zodat er geen waterdamp kon ontsnappen. De bovenste pijp was niet geheel met water gevuld, 'omdat het water in deszelfs loop daar te veel tegenstand zoude ont-moeten'. Het dagelijkse verlies aan water werd gecompenseerd door een of twee emmers water.

Het systeem was, behoudens de deur van het stookhok en de vuurvaste steen, geheel van Nederlandse makelij. Het ijzerwerk werd geleverd door de fabriek van Van Vlissingen en Dudok van Heel, het latere Werkspoor te Amsterdam. Een zekere Jackson, werkmeester op de fabriek, tekende voor de uitvoering. 'Bazen van het dorp' voerden het metsel- en timmerwerk uit. Moll was enthousiast over het resultaat: 'De warmte van deze kas is aangenaam en voorjaarachtig. Zij is niet schroeijende of hoofdpijn verwekkende, gelijk die van andere kassen, maar vochtig en verkwikkend (.....) ouden en zwakken, brengen er somtijds geheele dagen in door.'[237]

Het succes bleek verzekerd, vele kassen, maar ook oranjerieën werden voorzien van een dergelijk verwarmingssysteem. In 1866 werd voor W. Baron van Heeckeren van Kell te Ruurlo een nieuwe oranjerie gebouwd. De eigenaar, directeur van het kabinet des koning, had de Arnhemse architect L.H. Eberson daar-

toe opdracht gegeven. Hoewel hij qua bouwstijl geheel aansloot bij datgene wat toentertijd gebruikelijk was, voorzag hij de plantenbewaarplaats met een eigentijdse centrale verwarming. Achter in de aangebouwde bergplaatsen werd een 'verwarmingstoestel met heet water' geïnstalleerd. Deze voedde een koperen buizensysteem dat in vloergoten, direct lopend langs de binnenwanden, was aangebracht. De goten waren afgedekt door sierlijke gietijzeren roosters. Het systeem werd geleverd door L. Schütz uit Zeist voor een prijs van ƒ 1585,–.[238] Een vergelijkbaar systeem zou Schütz in 1875 leveren voor de door Eberson ontworpen kunstzaal in het Paleis Het Loo. Het ging ook hier om twee metalen buizen die in met roosters afgedekte goten lagen. De kosten waren beraamd op ƒ 1715,–.[239]

De suikerraffinaderij van A. van Beek te Utrecht

Het boek van J.P.Meissner *Die Heitzung mit erwärmter Luft* uit 1827 was aan Albertus van Beek (1787-1856) goed besteed. Behalve suikerfabrikant was Van Beek geheel

Ontwerp Oranjerie Ruurlo, met in de plattegrond aangegeven verwarmingssysteem. Uit: Bouwkundige Bijdragen, 1870.

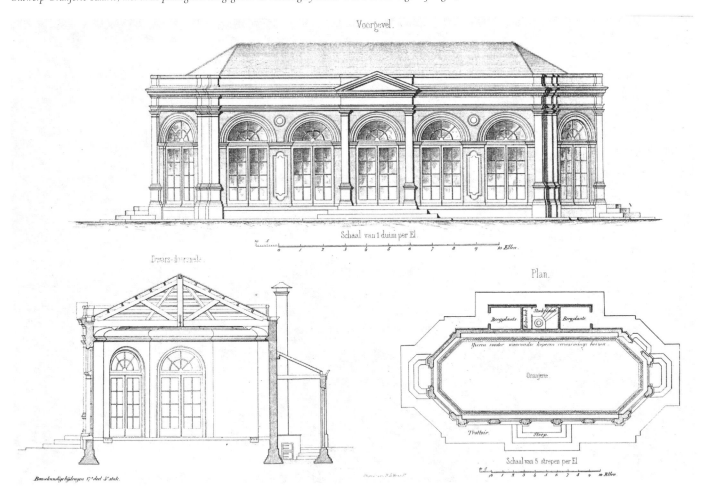

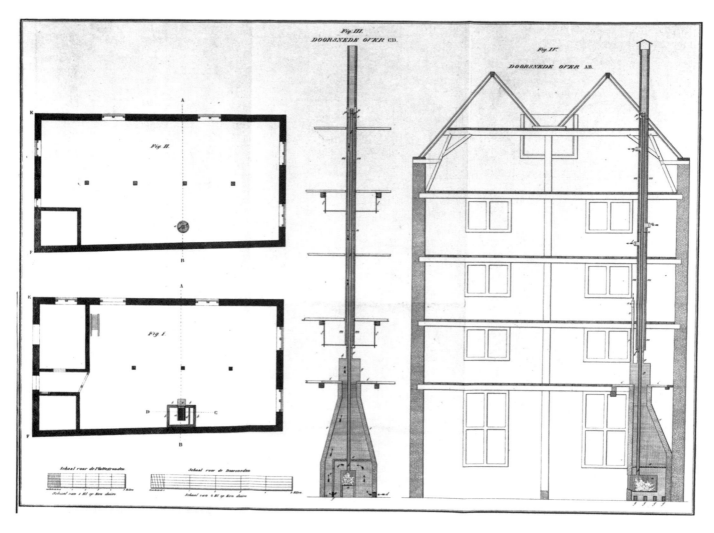

Inrichting van de suikerfabriek van A. van Beek te Utrecht. In de doorsnede van de oven is de beweging van de lucht aangegeven. Uit: A. van Beek: Beschrijving van eenen toestel ter verwarming van een uitgestrekt gebouw, 1833.

overeenkomstig de 18e eeuwse traditie amateur natuurkundige en lid van het Natuurkundig Gezelschap in Utrecht. Verwarming met warme lucht leek hem een aantrekkelijk alternatief voor zijn fabriek. Overtuigd van de idee dat hij een en ander nog wel kon verbeteren, besloot hij in het begin van de dertiger jaren de proef op de som te nemen en het gebouw op een moderne wijze te gaan verwarmen. Nu had hij wel vernomen dat in men in Engeland daarvoor stoom en warm water gebruikte, maar dat wast kostbaar. Bovendien waren in ons land 'schaars kundige werklieden' aan wie men zoiets kon opdragen.
Hij liet alle kachels opruimen die tot dan toe de verdiepingen verwarmden. Op de begane grond werd direct onder de oude schoorsteen een 'verwarmingstoestel' geplaatst. Hij liet een 'steenen vertrekje' metselen in de vorm van een trechtervormig oplopende behuizing die binnenin ruimte bood aan een kleine vuurhaard met een gietijzeren rookbuis voor de afvoer van

de rookgassen. Deze buis liep binnen de reeds bestaande schoorsteen, waarin een omhoog gerichte luchtstroom ontstond, omdat de rookbuis warmte afgaf. Op deze manier werd van beneden af buitenlucht opgevoerd naar hoger gelegen verdiepingen waar de, inmiddels verwarmde, lucht zich door uitstroomopeningen over de verdiepingen kon verspreiden.
'Deze aanzienlijke hoeveelheid versche lucht, welke door den verwarmingstoestel bij aanhoudendheid in het gebouw wordt aangevoerd, heeft niet alleen het voordeel, dat de gelijkmatigheid van temperatuur daardoor zeer bevorderd wordt, dewijl bij dezen overvloedigen aanvoer van warme lucht, het indringen van kouder buitenlucht door de reten der vensters, grootendeels wordt belet, waardoor de vertrekken tevoren nimmer gelijkmatig konden verwarmd worden, maar deze ruime ventilatie is voor de Suikerraffinaderijen nog in een ander opzigt van het hoogste aanbelang.'
Het zou namelijk 'het zwart in de suiker' tegengaan.[240]

Trechtervormige uitstroomopening onder de vloer van de linker voorkamer op de beletage van kasteel Linschoten.

Calorifère verborgen in de kast van de gouvernantekamer op de kelderverdieping van kasteel Linschoten.

Naar aanleiding van zijn geslaagde experimenten in zijn suikerfabriek werd Van Beek uitgenodigd een installatie voor de bibliotheek van de faculteit der wis-

Afvoerbuis warme lucht calorifère van de gouvernantekamer van kasteel Linschoten.

en natuurkunde te maken. Het werd een grondige mislukking. In zijn suikerfabriek, tegenwoordig Oude Gracht 387, waren kort voor de laatste oorlog nog enkele sporen van de installatie te vinden.[241]

Het kasteel Linschoten te Linschoten

Toen Emil Strick zich rond 1830 definitief op het landgoed Linschoten vestigde, volgde een periode van modernisering van het kasteel en bijbehorende tuin, waarbij Jan David Zocher een groot aandeel had. Strick overleed in 1849. In de periode 1850-1854 verbleven Alexander von Arnim en zijn dochter vaak op het kasteel. Door zijn toedoen werden twee Zeister kachels geplaatst.[242] Het is waarschijnlijk dat ook de heteluchtverwarming uit die periode stamt. In het souterrain staan nog altijd twee gemetselde stookinrichtingen. Een, in de bijkeuken, staat in het zicht; de andere is achter een kastdeur verborgen in de gouvernantekamer. Qua opzet doen ze veel denken aan de luchtverwarming van Van Beek in Utrecht. Binnen een gemetselde rechthoekige ruimte — waarin de toegestroomde lucht werd verwarmd — stond een gietijze-

Calorifère met geopend inspectieluik in de kelder van kasteel Linschoten.

In hoekkastje verborgen uitstroomopening in het dessertkamertje op de beletage van kasteel Linschoten.

ren kachel die van buiten af werd gestookt. In principe kwam de van onderaf toegestroomde lucht alleen in aanraking met de hete buitenkant van de warmtebron. Boven in de gemetselde ruimte bevonden zich twee afvoeren: een voor de afvoer van de rookgassen, de ander voor de afvoer van de warme lucht. Het transport van de warme lucht gebeurde door plaatijzeren kachelpijpen. In de vertrekken waren de uitstroomopeningen in vloer, plint, of, zoals in de dessertkamer, in een speciaal daartoe ontworpen houten hoekkastje. De uitstroomopeningen waren af te sluiten door koperen of houten deksels.

Zo werden op de verdieping vier vertrekken voorzien van warmte. Op de tweede verdieping kreeg een kamer via een kort verbindingskanaal warme lucht van de beneden gelegen ruimte.[243]

Het Diaconie Oude Vrouwen- en Mannenhuis te Amsterdam

Het uit de 17e eeuw daterende, aan de Amstel gelegen tehuis voor ouden van dagen werd in 1860 verblijd met een anonieme gift van *f* 100.000,– voor de aanleg en

onderhoud van de eerste centrale verwarming. Architect P.J. Hamer, die veel voor de Hervormde gemeente werkte, en W.M. Logeman uit Haarlem, die de nodige ervaring had opgedaan met verwarmingssystemen, werkten de plannen uit. Logeman ging eind mei 1860 zijn licht opsteken in Parijs, waar hij de grote cellulaire gevangenis Mazas bezocht om het 'hydraulische verwarmingssysteem' van de heer Grouvelle te bekijken. In een gesprek met Grouvelle kwam hij te weten dat zijn systeem in dit 1200 cellen tellende gebouw goed werkte, maar dat bij zeer strenge winters het systeem ontoereikend was. Thuis gekomen, rapporteerde hij zijn bevindingen aan Hamer en werd er, gezien zijn opgedane ervaringen, een aangepaste begroting van het werk gemaakt die op *f* 22.000,– sloot. Het was voor Logeman 'eene der moeijelijkste opgaven, die ter wereld kunnen voorkomen'. Het werk werd in vier percelen aanbesteed: stoomketels, kachels, buizen en het overige ijzerwerk en het ketelhuis met schoorsteen. Twee cilindrische stoomketels, elk met twee rookgangen, zouden de stoom leveren. De stoom werd doorgeleid naar tien 'heetwaterreservoirs met roodkoperen stoombuis', ook wel 'waterkachels' genoemd. Deze ge-

Een zaal in het Diaconie oude vrouwen- en mannenhuis te Amsterdam. Een 'waterkachel' met gietijzeren aan- en afvoerleidingen vormt niet bepaalt een sieraad in de ruimte.

klonken kachels waren van 4 millimeter dik plaatijzer gemaakt en hadden afmetingen van 1.5 x 1,40 x 0.4 meter. In de met water gevulde kachel zat een koperen verwarmingsspiraal van 12 meter die met stoom het water opwarmde. De op de waterkachels aangesloten gietijzeren warmwaterleidingen liepen door de te verwarmen ruimten. De kerkzaal werd rechtstreeks verwarmd door stoomleidingen. G.H. Kuyper voerde het werk voor ruim *f* 26.000,– uit. De ketels werden gemaakt door de bekende metaalfabriek De Atlas op het Realeneiland. De installatie is tot 1878 in gebruik geweest.[244] Het is niet verwonderlijk dat Logeman naar Parijs afreisde. Het project genoot internationale bekendheid. Er was in 1843 zelfs een commissie van 17 leden benoemd, met als opdracht na te gaan wat de minimale ventilatie moest zijn om de cellen 'reukloos' te houden. Verder diende zij toe te zien op de door technici ontwikkelde ventilatie- en verwarmingsystemen.

Twee leden van de commissie, Nicolas LeBlanc en Péclet, ontwikkelden op basis van berekeningen een minimumnorm van 10 m² ventilatielucht per uur voor een cel met een inhoud van 22,5 m².

Péclet boekstaafde in 1843 de resultaten van zijn onderzoek in zijn bekende werk *Traité de la Chaleur, considéré dans ses applications.* Luchthoeveelheden, weerstand van de luchtkanalen, druk van de ventilatoren, luchtdruk in de lokalen, werden daarin voor de verschillende installaties uitvoerig bezien. Bij ziekenhuizen speelden identieke problemen. De Fransman S. Grassi publiceerde in 1856 zijn resultaten van de luchtbehandeling in het La Riboisière ziekenhuis te Parijs.[245]

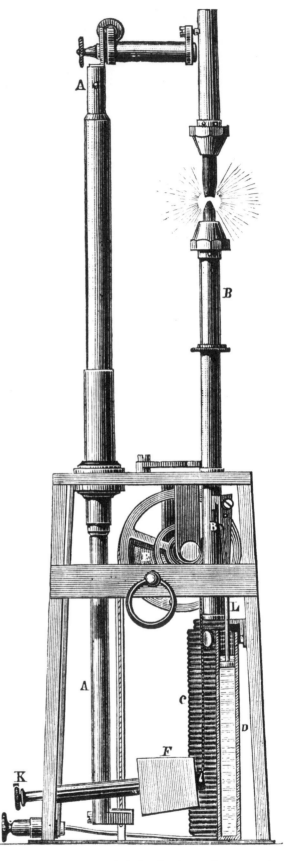

De booglamp van Jaspar uit Luik. De afstand tussen de spitsen werd gereguleerd door 'eene bewegende werking van den stroom zelven'. Uit: P. van Capelle: De electriciteit, 1893.

'Die Port van Cleve' te Amsterdam.

'Die Port van Cleve' te Amsterdam

In 1870 opende aan de Nieuwe Zijds Voorburgwal het bierhuis Die Port van Cleve haar poorten. De berichten in de pers waren lovend: 'wij juichen het toe, dat men thans in een flink, ruim en goed geventileerd lokaal zijn glas bier zal kunnen gebruiken, een genot dat wij niet kennen, daar die inrichtingen voor verreweg het merendeel in bekrompen, pijpenlavormige, smalle huisjes gevestigd zijn.' Al gauw deden de beroemde biefstukken hun intrede. De eigenaars, de gebroeders Hulscher, wisten bij tal van gelegenheden de aandacht op zich te vestigen. Zo werd in 1874 de voorgevel geheel betimmerd voor de illuminatie bij de feestviering van het 25-jarig regeringsjubileum van koning Willem III. Het geheel werd verlicht door 7500 vetlampjes. In 1879 zou het nog grootser worden aangepakt bij de geplande intocht van de koning met zijn gemalin, die overigens niet doorging in verband met het overlijden van prins Hendrik. Desondanks besloten de eigenaars hun voornemen te realiseren: van 4 tot 10 februari

werd Die Port van Cleve elke avond elektrisch verlicht met booglampen van Jaspar. Aan de voorgevel waren twee booglampen aangebracht en in het midden nog een 'reflecteur', een lamp die een lichtkegel verspreidde en rondgedraaid kon worden. De achtergevel in de Spuistraat moest het doen met een lamp en binnen brandden twee lampen. Ingenieur Jaspar uit Luik was zelf, samen met arbeiders, overgekomen om de lampen en de dynamo van Gramme te installeren. Een buitengewone ervaring en de Amsterdamsche Courant meldde dat het 'wat al te sterk voor eene gewone verlichting' was. Uit heel Nederland kwamen fabrikanten en directeuren van andere grote inrichtingen om het elektrische licht te zien.[246] Een aarzelend begin in Amsterdam.

De fabriek van Lijbrink te Amsterdam

'Wat is dat daar voor licht? Is daar brand? Die vraag werd in den laatsten tijd herhaaldelijk gehoord in de wagons van den Rijnspoorweg, die des avonds Amsterdam naderden. Aan den Omval, weinige

De fabriek en het woonhuis van de heer H. Lijbrink aan de Omval te Amsterdam.

minuten sporen van de stad, bespeurde men daar, waar vroeger niets in het oog vallend de aandacht van den reiziger boeide, eene witte, lichtende streep, over meerdere meters lengte zich uitstrekkende, zóó krachtig, zóó helder, dat men die niet aan eenige bekende lichtbron wist toe te schrijven.' Kortom, in 1877 had de heer Lijbrink in zijn fabriek voor hout-bewerking een elektrische regulateurlamp laten aanbrengen. De installatie werd geleverd en geïnstalleerd door firma A. van Emden uit de Kalver-straat.

Het licht was afkomstig van 'eene ballon van opaal glas, op twee derden van de lengte der zaal midden aan den zolder hangende', een lichtpunt waar je niet al te lang naar kon blijven kijken, aldus onze rapporteur de heer Van Lissa. De lamp verlichtte een loods van 30 bij 12 meter. In tegenstelling tot wat toen gebruikelijk was, brandde de lamp niet op accumulatoren maar op een generator van Gramme die in een 'kastje' opgesteld stond en aangedreven werd door een stoommachine. Volgens Van Lissa was het licht tienmaal goedkoper dan het gaslicht. Daar stonden volgens hem ook nadelen tegenover. Men moest een stoommachine aanschaffen en bovendien bestond de onmogelijkheid het licht te 'splitsen, d.i. in meerdere lokalen of op meerdere punten in hetzelfde lokaal te verdeelen'. Wel meende de rapporteur dat Jablochkoff daaromtrent proeven had genomen, maar hij wilde toch nog even wachten voordat hij 'electrische bougies' kon aanbevelen. Ook het van tijd tot tijd afspatten van kleine stukjes kool zag Van Lissa

als een nadeel. Om dat probleem op te kunnen vangen, had men een 'Serrinsche regulateur' in de stroomkring opgesteld, een door Serrin in 1859 ontwikkelde booglamp. Het eindoordeel voor Lissa was positief en de verdere toepassing zou niet lang op zich laten wachten.[247]

Hotel Krasnapolsky te Amsterdam

Twee jaar na de experimenten van de gebroeders Hulscher in de Poort van Kleef, volgde Adolph Wilhelm Krasnapolsky van het gelijknamige hotel-restaurant met zijn elektrische verlichting. In april 1881 waren werknemers van N.H. Mijnsen en Co., agent van de Compagnie Générale d'Eclairage Electrique uit Parijs, druk doende een elektriciteits-centrale in te richten in een der bijgebouwen, waarin een Gramme dynamo werd opgesteld. Voor de verlichting werden koolspitslampen gebruikt volgens het systeem van Jamin. Deze lampen hadden elk drie stel koolspitsen die tezamen viereneenhalf uur konden branden, anderhalf uur per spits. De lampen gaven een sterk flikkerend licht en al gauw werden deze vervangen door die van Jablochkoff. Men had daar veel goeds over gehoord, maar toch bleek ook dit licht te weinig constant te zijn en vertoonde het dikwijls paarse en blauwachtige lichtwisselingen. Een bezoek van de heer Krasnapolsky aan de elektriciteits-tentoonstelling in München had tot gevolg, dat men overschakelde op het systeem van Piette & Krizik. Zes lampen werden in de Wintertuin gehangen, vier in de

biljartzaal, één in de passage en één boven de toenmalige ingang aan de Warmoesstraat. Lampen en twee
dynamo's werden betrokken bij de Neurenbergse
firma Schuckert.

Een belangrijke beweegreden voor de heer
Krasnapolsky om van gasverlichting op elektriciteit
over te gaan, was het verlagen van de temperatuur in
de Wintertuin. Na installatie daalde die met bijna de
helft van 29 naar 16 graden Celsius en dat scheelde.
Daarbij constateerde men dat het licht 'oneindig
krachtiger' was dan het tot dan toe gebruikte gaslicht.
De lampen van Piette & Krizik bevielen wel, maar
Krasnapolsky vond dat de Wintertuin en de biljartzaal
eigenlijk recht hadden op een 'sierlijke en smaakvolle'
verlichting. Daarbij kwam nog dat de felle booglampen eigenlijk niet geschikt waren voor gebruik in
kleinere ruimten.

In juni 1882 richtte hij samen met 12 anderen de N.V.
Nederlandsche Electriciteit-Maatschappij op, die de
reeds bestaande centrale overnam. De maatschappij
had in ons land het alleenrecht voor Edison gloeilicht.
In juli van dat jaar werden in het etablissement
proeven genomen met een nieuw soort lamp: de
gloeilamp van Edison die in 1881 zijn vinding op de
Wereldtentoonstelling in Parijs had gedemonstreerd.
Zo werden in de voorzaal 60 lampjes in gebruik
genomen en dat met een uitstekend resultaat. Men
besloot het gehele complex met lampen van Edison te
voorzien en in de loop van 1883 werd door architect
G.B. Salm daarom een heuse elektriciteitscentrale
gebouwd, waarin plaats was voor drie stoomketels,
twee stoommachines en dynamo's. De laatste stonden
op de verdieping opgesteld en werden door
drijfriemen met de beneden opgestelde
stoommachines verbonden.

De booglampen bleven branden op de twee Schuckert
dynamo's en voor de gloeilampen was men aangewezen op vijf dynamo's van Edison. Op 1 augustus
werden 350 lampjes in de befaamde wintertuin
ontstoken. Toch duurde het nog 5 jaar voordat men
geheel tevreden was over de verlichting. De uit
Frankfurt afkomstige firma H.G. Moehring had de
laatste gebreken opgelost.[248]

Het ziekenhuis te Dordrecht

In 1877 werd in Dordrecht het eerste ziekenhuis in ons
land volgens het barakkenstelsel in gebruik genomen.
Voor het ontwerp tekende gemeentearchitect J.A. van
der Kloes. Het complex bestond uit een hoofdgebouw
en vier barakken die door gangen in verbinding
stonden met het hoofdgebouw. De architect maakte
veel werk van de verwarming en ventilatie in de
barakken.

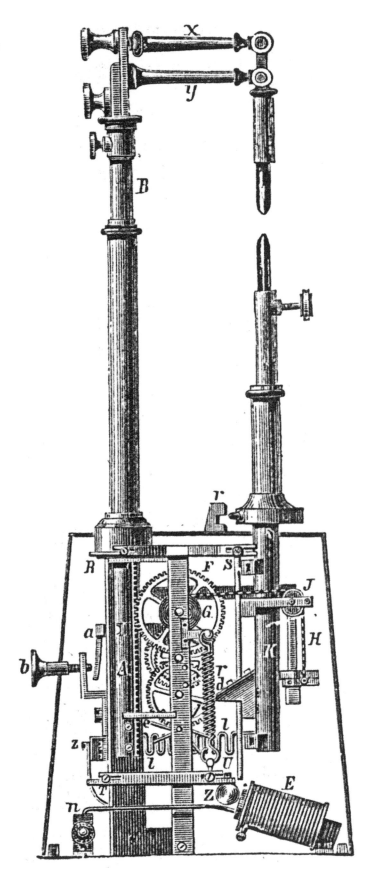

*De regelateurlamp van Serrin. Uit: R. van der Meulen: Het electrisch licht met de
bijbehoorende lampen, kool en ornamenten, z.j.*

De Wintertuin van Kraspapolsky aan de Warmoesstraat in Amsterdam. Uit: De Natuur, 1886.

De elektriciteitscentrale van Krasnapolsky.

De daken waren over de volle lengte voorzien van een verhoogde luchtkap ten behoeve van de zomerventilatie. In de wanden van deze kappen waren aan weerszijden tien openingen, waarin tuimelende, met veerschuiven te sluiten, ventilatiekleppen. Deze kleppen waren topzwaar waardoor, wanneer de veerschuiven los getrokken waren, ze open gingen staan. Daaraan kwam een zes meter lange staak te pas.

De winterventilatie had direct te maken met het verwarmingssysteem. Van der Kloes had wat betreft de temperatuursregeling afgezien van een centrale verwarming. Dat had te maken met de complexiteit van zo'n systeem en ten tweede voorzag de architect problemen, indien het verwarmingstoestel in een kelder opgesteld zou moeten worden. De warmteontwikkeling zou van dien aard zijn dat de kelder het zou begeven. Er werd dus afgezien van afzonderlijk ondergronds opgestelde caloriferes. De voorkeur ging uit naar een 'steenen luchtkachel'. In verband hiermee werden professor Van Bemmelen uit Leiden en dr. A. van Oven, leraar aan de HBS uit Dordrecht, geconsulteerd. Informatie over een gemetselde luchtkachel uit Moskou bracht Van der Kloes op het denkbeeld het stelsel van Tobin toe te

passen, 'die door het plaatsen van verticale buizen, aan het ondereind met de buitenlucht in verbinding staande, eene ventilatie, door zogenaamde luchtfonteinen, wil in het leven roepen'. Geïnspireerd door deze Tobinsche buizen, die hij zelf in Londen had gezien, besloot Van der Kloes in overleg met Van Oven in een van de barakken een proefkachel te bouwen van IJsselklinkers en 'baantegels in leem'. De resultaten met deze proefkachel waren bevredigend en bij de bekende fabrikant van porseleinen kachels, E.C. Martin in Zeist, werd een exemplaar besteld dat er uitwendig anders uitzag, maar van binnen in alle onderdelen overeenstemde met de proefkachel.[249] De kachel voldeed aan alle verwachtingen, maar het duurde twee winters voordat men in 1879 besloot de overige drie kachels te bestellen in Zeist. Wat de reden voor dit dralen was, werd niet geheel duidelijk: 'Nu eens vernamen wij dat men vreesde voor onvoldoende verwarming bij buitengewoon lage temperatuur der buitenlucht, dan weder dat men de voorkeur schonk aan ijzeren kachels, omdat men zich voorstelde dat die minder plaatsruimte zouden innemen.'[250]

De dynamo van Edison. Uit: De Natuur, 1886.

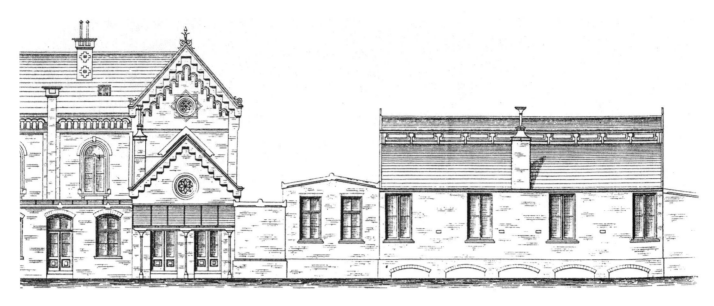

Een van de barakken van het ziekenhuis te Dordrecht met een boven het dak uitkomend ventilatiekanaal. Uit: Bouwkundige Bijdragen, 1878.

Het woonhuis van Nienhuys te Amsterdam

In Amsterdam staat op Herengracht 380-382 een markant gebouw. Het gaat hier om het voormalige woonhuis van de rijke tabakshandelaar J. Nienhuys, die het rond 1890 naar ontwerp van A. Salm Gbzn liet bouwen. Was de stijl een navolging van het vroeg 18e eeuwse François I, qua installatietechniek was het bouwwerk zijn tijd vooruit. Het werd elektrisch verlicht en dat was in de tijd, waarin gaslicht en petroleumverlichting gebruikelijk waren, een nieuwigheid. In het achter de tuin gelegen koetshuis stond een gasmotor van 35 pk opgesteld, die de accumulatoren voedde die in een aparte kamer van

Aanzicht van een ventilatiekanaal van het ziekenhuis te Dordrecht. Uit: Bouwkundige Bijdragen, 1878.

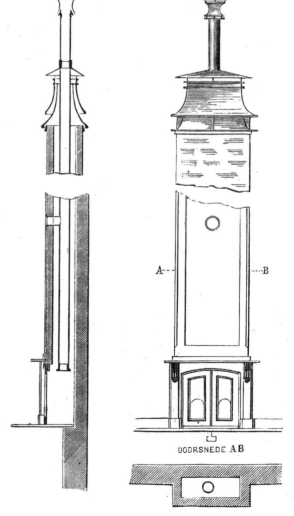

Oorspronkelijk ontwerp tegelkachel voor het ziekenhuis te Dordrecht. Uit: Bouwkundige Bijdragen, 1878.

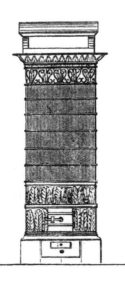

Mannenzaal in het ziekenhuis te Dordrecht met tegelkachel van Martin. Foto 1905.

Het pand Herengracht 380-382 te Amsterdam.

hetzelfde koetshuis stonden opgesteld. Binnen in de woning brandden zo'n 300 gloeilampen. Tijdens restauratiewerkzaamheden kwamen, na het wegnemen van de wandbespanning, de oorspronkelijke geleidingen te voorschijn. Niet van ijzer, zoals velen van ons nog wel zullen kennen, maar van hout. De stroomdraden lagen namelijk in 'geploegd houten lijsten'.

Om beschadiging te voorkomen, zijn de lijsten over de volle lengte afgedekt met hout. De bevestiging van de lijsten gebeurde door verzonken houtschroeven, waartoe om de halve meter houten klosjes waren ingemetseld. Bochten werden opgelost door de lijsten gerend te leggen, zoals in het pand nog goed was te zien. Ook daar waar de leidingen door een binnenmuur werden geleid, werd gebruik gemaakt van deze geploegde lijsten. Het spreekt vanzelf dat deze constructie alleen geschikt was voor droge muren.

Bescherming tegen vocht gebeurde door de lijsten van binnen met teer te bestrijken. Dé oplossing was echter om tussen de muur en lijst porseleinen schijven te monteren.[251]

Bij het doorvoeren van een 'geleiding' door een binnenmuur werden in het woonhuis van Nienhuys 'geploegd houten lijsten' toegepast.

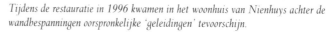

Generator en gasmotor opgesteld in het koetshuis van Nienhuys.

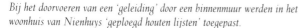

Tijdens de restauratie in 1996 kwamen in het woonhuis van Nienhuys achter de wandbespanningen oorspronkelijke 'geleidingen' tevoorschijn.

Het Concertgebouw in Amsterdam

In 1886 werd aan de Van Baerlestraat het Concertgebouw voltooid. Architect A.L. van Gendt had voor
de verwarming en luchtverversing het Eisenwerk
Kaiserslautern in de arm genomen, die in ons land
door Sijmons & Huijgen werd vertegenwoordigd. Er
werd gekozen voor twee systemen. Een groot aantal
ruimtes, waaronder de beide concertzalen, werd
voorzien van een 'warmeluchtverwarming met
machinale voortstuwing'. Twee koorzalen, de beide
solistenkamers en de stemkamer werden verwarmd
door een 'heetwater-Perkins-verwarming'.
In een kelder in de noordoostelijke hoek werden zes
'centraal schachtovens n° A 6' ingemetseld. Door een
luchtkoker aangevoerde buitenlucht behoefde niet
gereinigd te worden, 'daar door het geboomte en de
struiken van den aan te leggen grooten tuin de stof
tamelijk terug gehouden wordt'. Na in de oven op
temperatuur gekomen te zijn, werd de lucht via een
bevochtigingkamer – met een 'waterverstuivings-
inrichting' – door een 'ventilateur' aangezogen. Deze
liep op een gasmotor. Via een verzamelruimte werd
de warme lucht door kanalen naar boven afgevoerd.
In de grote concertzaal werd de lucht op twee niveaus

ingelaten: 2.5 meter boven de vloer en ter hoogte van
het fries in de kroonlijst. De inlaatopeningen waren
door roosters afgedekt. In de kanalen waren ijzeren
kleppen aangebracht waarmee de installatie kon
worden afgeregeld. De bedorven lucht steeg door
kanalen naar de zolderverdieping, alwaar de vrije
lucht werd bereikt door afvoerschoorstenen. In de
rookzaal en in de restauratie werd de ventilatie
versterkt door een 'Bunsensche gasvlam' in de
kanalen aan te brengen.
Dank zij de 'electrische afstandsthermometer' kon de
stoker beneden nagaan hoe hoog de temperaturen
binnen waren. Daar waren 'thermo-indicateurs'
opgehangen, die gevoed werden door galvanische
batterijen. Op het 'overzichtsbord' in de stookruimte
waren – omdat het om een verklikkersysteem ging –
maar drie temperaturen af te lezen: 14, 16 en 18
graden.
Twee koorzalen, twee solistenkamers en een
stemkamer moesten het doen met het systeem
Perkins. In de kelder was een 'heetwateroven'
gebouwd, waarin links en rechts telkens drie in elkaar
gewonden schuin gestelde 'vuurslangen' lagen. De
linker had een totale lengte van 72 meter, de rechter
100 meter.[252]

Verwarmingssystemen in het Concertgebouw. Uit: Bouwkundig Weekblad, 1886.

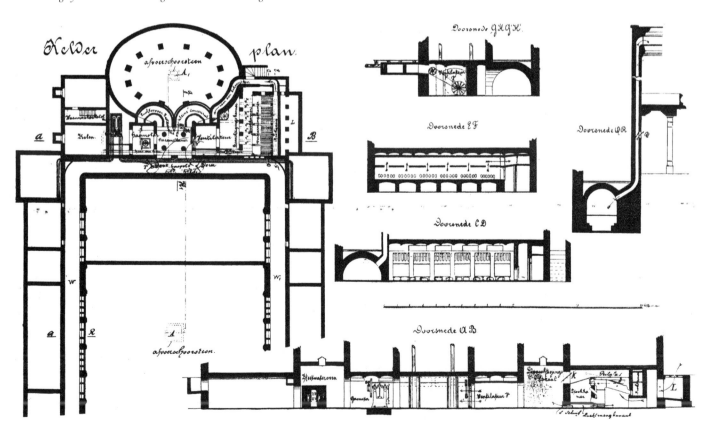

Het Concertgebouw voordat de uitbouw werd aangebracht; de ventilatiekokers op het dak zijn goed zichtbaar.

Opmerkelijk was dat het gebouw niet voorzien was van elektrisch licht. 'Zooals men ziet, heeft bij dezen geheel modernen bouw het elektrisch licht de vlag moeten strijken voor het oude, vertrouwde gaslicht. Het vraagstuk der luchtverversching staat daarmede natuurlijk in nauw verband.' Men achtte het kennelijk toch raadzamer gebruik te maken van de opstijgende luchtstromen die het gevolg waren van de verlichting met gas. Een recensent dacht het zijne van al die nieuwigheden die Van Gendt had laten aanbrengen: 'Laat ons hopen, dat de practijk het vernuft der ontwerpers glansrijk krone.'[253]

De Stadsschouwburg in Amsterdam

In 1872 begon men met de verbouwing van de oude uit 1774 daterende schouwburg, om deze aan de moderne eisen van het schouwburgbedrijf aan te passen. B. de Greef en W. Springer, respectievelijk gemeentearchitect en assistent gemeentearchitect, waren bij het werk betrokken. Voor de voorbijgangers bleven de werkzaamheden beperkt tot het verstenen

van het houten bouwwerk dat er al stond. Binnenin gebeurde veel meer, zoals het aanbrengen van allerlei technische installaties.

De Amsterdamsche Pijpgas-Compagnie had directe bemoeienis met de aanleg van de gasverlichting. Onder leiding van A.R. Egeling, ingenieurdirecteur, en J. Andersson werd het werk geklaard. 'De lichtkroon in de toeschouwerzaal met 240 gasvlammen, de branches voor de devanture boven de bovenloges, met tezamen 48 vlammen, en de drie lichtkronen in den grooten foyer, ieder met 36 vlammen, zijn vervaardigd in de fabriek van J.C. Spin & Zoon te Berlijn.' Ook Nederlands fabrikaat werd toegepast; de lichtkroon en branches in vestibule en vestiaire, alsmede de kandelabers in de leuning van de trap naar de bovenloges waren van de zinkfabriek van Schütz en Zoon uit Zeist. Voor de overige kronen, lusters en andere gasornamenten wendde men zich tot de firma H.A. Kloosterhuis op de Nieuwendijk. Een bedrijf met een rijke keuze aan gasornamenten, dat 'deugdelijkheid aan sierlijkheid paarde. In totaal ging het bij de verlichting om 1230 gasvlammen. Alle

De winkel van gasornamenten van Kloosterhuis op Nieuwendijk 141 te Amsterdam. Uit: Amsterdam, gids met platen, 1883.

gasvlammen waren omgeven door lantaarns, ijzeren vlechtwerk, porseleinen ballons of lampenglazen. De klimaatbeheersing was gebaseerd op 'het stelsel' van de firma Boyer & Consorten uit Ludwigshafen am Rhein op basis waarvan Charles Remy & Bienfait, civiel-ingenieurs te Rotterdam, een ontwerp had gemaakt. De Duitsers echter lieten niets aan het toeval over en stuurden ingenieur Schumann naar het Leidse Plein om bij de plaatsing van de verwarmingstoestellen een oogje in het zeil te houden.

Voor wat betreft klimaatbeheersing werden binnen het gebouw twee afdelingen onderscheiden:
a) het toneel met alle daarbij behorende ruimtes; magazijnen en bergplaatsen daarvan uitgezonderd.
b) de schouwburgzaal met de daarbij behorende corridors en ruimtes. Uitgezonderd de woning van de kastelein en de zolders.

Elke afdeling werd door twee, in afzonderlijke kelders opgestelde, verwarmingstoestellen verwarmd. Zo'n

kelder was in twee compartimenten onderverdeeld. In het ene stond het verwarmingstoestel; in het andere kwam de mond van de stookhaard uit en fungeerde dus als stookruimte. Tegen de buitenmuren waren 'zinkputten of trechters' gemetseld, van waaruit door kanalen onder de vloer van de kelderverdieping verse buitenlucht naar de verwarmingskamers werd gevoerd. De verwarmingstoestellen onder het toneel verwarmden de aldaar aanwezige ruimten en de speelruimte. Na opwarmen werd de lucht door plaatijzeren kokers naar in de muren gemetselde aardewerken buizen gevoerd. Op een hoogte van 1.90 m boven de vloer kwam de warme lucht in de vertrekken. De opening in de muur was afgedekt door een ijzeren raamwerk met een beweegbare jaloezieklep. De bedorven lucht werd aan de overzijde van het vertrek door een kanaal afgevoerd. Dit gebeurde zowel op vloerhoogte als ter hoogte van het plafond. Door de aanwezige jaloeziekleppen te openen, dan wel te sluiten, kon men de temperatuur enigszins reguleren. In de vloer van het toneel trad de warme lucht toe door gietijzeren roosters. Om de bedorven lucht af te voeren, was in de kap boven het toneel een 'houten luchttoren' die naar verkiezing geopend, dan wel gesloten kon worden. Ook voor de schouwburgzaal en de andere publiekruimtes werd warme lucht door ijzeren kanalen aangevoerd, waarna het door gietijzeren roosters in de vloeren kon opstijgen. Via deze roosters en ijzergazen openingen in plafonds trok de warme luchtstroom naar boven. In de schouwburgzaal trok de bedorven lucht via een ventilatierooster boven de gaskroon en openingen in de koof van het plafond naar afvoerkokers die boven het dak uitstaken. In de koffiekamer achtte men het nodig over te gaan tot 'geforceerde afvoer' van de tabaksrook door twee afvoerkokers te voorzien van een gasvlam. In de foyer werden in verband met de afvoer in de gemetselde kolommen kanalen uitgespaard. In de plint waren openingen gemaakt, waardoor de lucht kon worden afgezogen naar het dak. Verder waren in het plafond nog drie openingen, waarboven houten kokers die de lucht afvoerde naar het dak. Via een op het dak staande luchttoren werd de lucht afgevoerd in de buitenlucht.

Omgang met dit verwarmings- en ventilatiesysteem vergde de nodige behendigheid in het bedienen van het kleppensysteem. Zo kende men een winter- en een zomerventilatie. 'De wijze waarop daarmede behoort gehandeld te worden, kan alleen de ondervinding leeren.' Men werkte energiezuinig: in de winter werden direct na het beëindigden van de voorstelling de kleppen gesloten, 'waardoor minder tijd en brandstoffen zullen vereischt worden om bij het weder stoken de toestellen, de muurwerken en kanalen opnieuw te verwarmen'.[254]

Op 20 februari 1890 werd de eerste stadsschouwburg aan het Leidseplein door brand verwoest, waarna twee jaar later de aanbesteding van het nieuwe gebouw een feit was. A.L. van Gendt en J.L. en J.B. Springer tekenden voor het ontwerp. Begin september 1894 werd het nieuwe gebouw aan de gemeente overgedragen. Ir. M.Symons uit Rotterdam was belast met de aanleg van de verwarming en de lucht-versing. De installaties waren ontworpen en werden uitgevoerd door het Eisenwerk Kaiserslautern. Symons koos, gezien de grote ruimten, voor stoom als warmtebron. Daartoe waren in het souterrain drie Cornwallketels opgesteld met een verwarmings-oppervlak van ruim 75 m2. De 'hoofdstoom- en condensatiebuizen zijn allen in een tunnel in het dessous geplaatst; door aangebrachte vertakkingen wordt de zaal verwarmd, terwijl het tooneel door een andere leiding, ten dienste van het achtergebouw gelegd, van stoom wordt voorzien'. Zowel in de zaal als in de corridors werden zes 'verwarmingskamers' aangelegd, waarin de nodige 'kraagbuizen' waren geplaatst. Het ging hier klaarblijkelijk om ribbenkachels. Op deze kraagbuizen was een met water gevulde bak geplaatst waarin een stoombuis liep, waardoor waterdamp ten behoeve van de luchtbevochtiging kon worden opgewekt. De kraagbuizen konden geheel of gedeeltelijk buiten gebruik worden gesteld. In de zomer werd de

Het met de verbouwing na 1874 aangelegd verwarmings- en ventilatiesysteem van de Stadsschouwburg. Figuur a is een van de vier gegoten 'verwarmingstoestellen' die in de kelders stonden opgesteld. Uit: Bouwkundige Bijdragen, 1876.

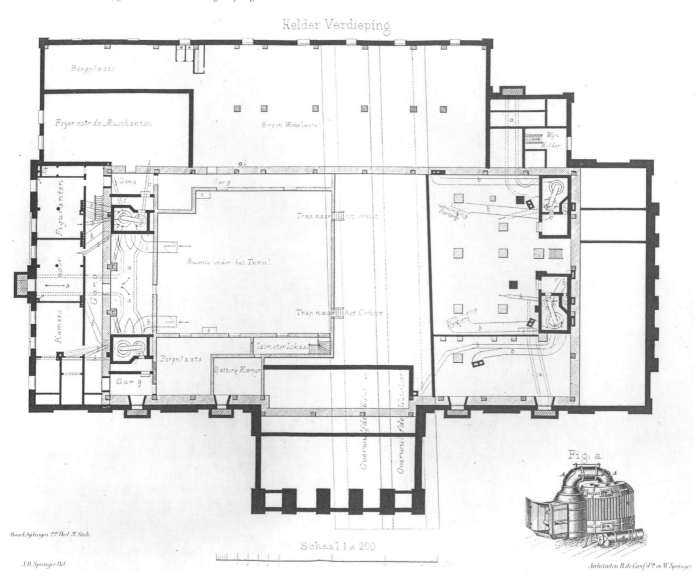

In de Tweede schilderijenzaal van het Teylers Museum zijn verwarmingselementen in een bank verwerkt.

waterdamp in de vorm van stofregen in de tunnels toegevoegd middels elektrisch aangedreven ventilatoren. Het elektrische licht werd gevoed door een installatie van de Electricitäts-Gesellschaft Hamburg, met een spanning van 110 Volt. In alle publieksruimten – met uitzondering van de schouwburgzaal – waren 530 lampen met een lichtsterkte van 16 Nk (normaalkaars) en 8 booglampen van 1000 Nk aangebracht. De schouwburgzaal telde 350 en het achtergebouw 283 lampen, van 16 Nk. Voor de verlichting van het toneel waren ongeveer 800 gloeilampen van 16 tot 32 Nk en acht effectbooglampen van 1000-2000 Nk geïnstalleerd. De installatie bestond uit een snellopende tandem coumpound stoommachine, geleverd van de Sundniger Eisenhütte, en twee shuntdynamo's. De accumulatorbatterij, volgens het systeem Tudor, bestond uit 60 elementen. De batterij werd overdag gebruikt en 's avonds 'voor het houden eener constante spanning en voor reserve'. De installatie lag achter de schouwburg onder de openbare weg. De gaskroon in de schouwburgzaal diende mede om de werking van de luchtkoker te versterken.[255]

Het Teylers Museum te Haarlem

In het Teylers Museum is nog veel te zien op het gebied van oude installaties. De zogenoemde Ovale Zaal, het oudste gedeelte, werd in 1784 naar ontwerp van Leendert Viervant geopend. Er hadden al gauw uitbreidingen plaats in verband met toenemend ruimtegebrek. In 1877 werd door de Directeuren van Teylers Stichting een prijsvraag uitgeschreven voor een uitbreiding waardoor het museum met voorgevel aan het Spaarne zou komen te liggen. Christian Ulrich's reactie bleek een goede basis voor een definitief ontwerp. Het was uiteindelijk de Haarlemse architect A. van der Steur die zich aan de uitwerking mocht wagen. In september 1878 had een eerste aanbesteding plaats en hoewel men beoogde de bouw in oktober 1880 af te ronden, duurde het nog tot 1885 voordat het Nieuwe Museum gereed was.

In het prijsvraagprogramma werd vereist dat de verwarming diende te geschieden door 'heetwaterleidingen'. Een rondgang door het museum laat zien dat de door D.P. Graaff & Zn geleverde roosters voor de verwarmingsbuizen nog steeds in gebruik zijn.[256] De stookplaats was destijds buiten het

Boven de gehoorzaal van het Teylers Museum bevinden zich twee zinken afvoerkokers.

gebouw. In de onder- en bovenhal werd waarschijnlijk gebruik gemaakt van ribbenkachels. De marmeren omkastingen – waarin uitneembare roosters – sieren nog steeds deze ruimten; de oorspronkelijke verwarmingslichamen hebben inmiddels het veld geruimd.

In de Tweede schilderijenzaal uit 1892 zijn de verwarmingslichamen in een centraal opgestelde bank verwerkt. Een messing omkasting onttrekt de radiatoren aan het zicht en dateert uit de bouwtijd. Waarschijnlijk waren de verwarmingslichamen ribbenkachels. De huidige, fraai gedecoreerde radiatoren werden tijdens de laatste restauratie geplaatst en zijn afkomstig uit Paleis het Loo in Apeldoorn.

Het prijsvraagprogramma was minder explicit over de ventilatie: 'In de noodige ventilatie moet voorzien worden.' In de Tweede schilderijenzaal bestond een vorm van ventilatie door in de koppen van de lichtkap twee luikjes te openen die daar in de panelen waren verwerkt. De bediening geschiedde door twee koorden die zich tegenover elkaar in de hoeken van de zaal bevonden. In de gehoorzaal werd frisse lucht van buiten aangevoerd door roosters in de vloer.

Langs twee plinten bevinden zich handgrepen voor de bediening van de luikjes onder het vloerniveau, die voor toevoer van de buitenlucht zorgdragen. Door twee rozetten boven de lichtarmaturen wordt de vervuilde lucht afgevoerd naar zinken ventilatiekokers in de kap. De werking van deze ventilatiekokers kon worden beïnvloed door deurtjes en pijpsleutels.

In het najaar van 1881 werd de Directeur van het Physisch Kabinet gevraagd zijn mening te geven over elektrische verlichting van het Nieuwe Museum. In september 1883 brachten de uitstekende eigenschappen die, 'met het oog op de temperatuur en de zuiverheid van de lucht', dit licht bezit, Van der Ven tot het advies de gehoorzaal elektrisch te verlichten. De Directeuren van de stichting echter namen zijn advies niet over 'daar nog niet voldoende gebleken is dat electrische verlichting reeds de practische voordelen oplevert welke in de toekomst daarvan verwacht mogen worden'. Kortom, het werd gas. De gasornamenten die ooit door de Amsterdamse fabriek van Becht & Dyserinck werden geleverd, zijn inmiddels 'verbouwd' tot elektrische armaturen. Opmerkelijk in dit verband zijn de vier bronzen

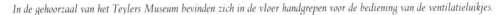

In de gehoorzaal van het Teylers Museum bevinden zich in de vloer handgrepen voor de bediening van de ventilatieluikjes.

gevleugelde lichtdragers in het trapportaal. 'De genius des lichts' dateert uit 1884 en werd ontworpen door Bart van Hove. De vier identieke exemplaren werden door de Compagnie des Bronzes in Brussel gegoten. Aanvankelijk bedoelt als figuren die 'den fakkel van den nieuwen tijd, de electrische peer' hoog moesten houden, werden ze vanwege het standpunt van de Directeuren voorzien van gaslampen. Achter de beelden zijn de oude gasbuizen nog te zien en de elektrificatie is provisorisch uitgevoerd.[257]

Het kantoor van Tesselschade Arbeid Adelt te Amsterdam

In het Bouwkundig Weekblad van 1902 wordt geconstateerd dat de centrale verwarming door middel van warm water en stoom de luchtverwarming inmiddels helemaal heeft verdrongen. 'De lucht was te droog en soms bezwangerd met verbrandingsgassen uit den oven, zoodat dan een hoogst onhygiënische toestand intrad.' Deze ontwikkeling stond in schril contrast tot die in de Verenigde Staten, waar luchtverwarming inmiddels een 'hoogen graad van volkomenheid' had bereikt. In Amsterdam werd daarom met belangstelling gekeken naar een geperfectioneerd luchtverwarmingssysteem dat de Wed. J.T. Hunck en Zoon daar in een niet nader genoemd woonhuis had geplaatst. Het ging hier om een 'Perfect' calorifère. 'De centrale kachel of oven, vervaardigd van gegoten ijzer wat betreft de deelen die met vuur en vlam in aanraking komen, en van plaatijzer, wat betreft de deelen die door ommanteling de ruimte vormen waarin de lucht verwarmd wordt, is geplaatst in het souterrain en wordt gestookt met cokes.' Buitenlucht werd na opwarming langs een waterreservoir geleid, waardoor de gewenste vochtigheid werd behouden. Door vertinde plaatijzeren buizen bereikte de lucht de vertrekken waar 'klep- of draairoosters' de toevoer regelden. Warmteverliezen werden tegengegaan door de buizen met 'asbestvilt' of een andere slechte warmtegeleider te bekleden.[258]

Warm air heater, type Perfect, gepatenteerd in 1893. 'De Amerikaansche Calorifères brengen aangename, frissche, onbedorven lucht in het vertrek'. Uit: The Richardson manual of warm-air heating, 1914.

Deze 'warm air heater' van het type 'Perfect' werd reeds in 1893 gepatenteerd en werd gemaakt door Richardson & Boynton Co uit New York. Het systeem werd zeker tot in de twintiger jaren in ons land gebruikt. Een dergelijke kachel is nog steeds te bewonderen in een van de kelders van het pand Leidseplein 33, waar het kantoor van Tesselschade Arbeid Adelt is gevestigd. Met pensioen, terwijl in een andere kelder een moderne stookinstallatie het pand verwarmt.

Noten

1. J. van Maurik, ''t Ontwakend Amsterdam', in: *Amsterdam bij dag en nacht*, z.j. Amsterdam, pag. 1.
2. A.A. Fokker en J.C. de Man, *Proeve eener geneeskundige plaatsbeschrijving van de stad Middelburg*, Middelburg, 1855, pag. 72.
3. G. de Clercq, *Kachels en haarden*, Amsterdam, 1936, pag. 30-39.
4. C.J. Nagtglas, *Voor honderd jaren*, Utrecht, 1886, pag. 4.
5. J.J. Pennink, *Gezondheidsleer voor het volk*, Amsterdam, 1828, pag. 154.
6. C.J. Nieuwenhuijs, *Proeve eener geneeskundige plaatsbeschrijving der stad Amsterdam*, eerste deel, Amsterdam, 1816, pag. 108-109.
7. C.W. Fock, 'Verwarmd door de bijbel, de ijzeren kachel in het zeventiende-eeuwse Nederlandse interieur', in: *Antiek*, 1996/1997, Lochem, pag. 462-483.
8. R. Jellema e.a., *Bouwkunde*, deel III, Delft, 1943, pag. 37-40.
9. J.J. Pennink, *Gezondheidsleer voor het volk*, Amsterdam, 1828, pag. 155.
10. Een goed overzicht van kachels en haarden is te vinden in: H.J. Zantkuyl, *Bouwen in Amsterdam*, 1993, pag. 353-409.
11. W.M. Logeman, *Kachels*, Leiden, 1853, pag. 22.
12. F. Nagtglas, *Wat het was en wat het werd*, Utrecht, 1894, pag. 18.
13. Anoniem, *Physiologie van Amsterdam*, 1844 (herdruk, pag. 52).
14. A. Faber, *Entwicklungsstufen der häuslichen Heizung*, München, 1957, pag. 55-58.
15. Is. Warnsinck, 'Het landhuis 'Lindenheuvel' boven Haarlem', in: *Bouwkundige Bijdragen*, deel 5, 1849, kolom 202.
16. 'Verslag van het verhandelde op de elfde algemeene bijeenkomst der leden van de Maatschappij tot bevordering der bouwkunst d.d. 17 juni 1864'. in: *Bouwkundige Bijdragen*, deel 14, 1865, kolommen 99-100.
17. W.M. Logeman, *Kachels*, Leiden, 1853, pag. 16-18.
18. 'Verslag van het verhandelde op de elfde algemeene bijeenkomst der leden van de Maatschappij tot bevordering der bouwkunst d.d. 17 juni 1864', in: *Bouwkundige Bijdragen*, deel 14, 1865, kolom 99.
19. W.M. Logeman, *Kachels*, Leiden, 1853, pag. 30-31.
20. G. de Clercq, *Kachels en haarden*, Amsterdam, 1936, pag. 56.
21. B. Dubbe, *De kacheloven*, Lochem, 1966.
22. J.J. Pennink, *Gezondheidsleer voor het volk*, Amsterdam, 1828, pag. 155.
23. G. de Clercq, *Kachels en haarden*, Amsterdam, 1936, pag. 58-59.
24. G. de Clercq, *Kachels en haarden*, Amsterdam, 1936, pag. 56-57.
25. G. de Clercq, *Kachels en haarden*, Amsterdam, 1936, pag. 59-63.
26. J. Körting, *Heizung und Lüftung*, deel 2, Leipzig, 1907, pag. 12.
27. F.A. Holleman, 'Een goede vulkachel', in: *De Natuur*, 1884, pag. 86.
28. R.H. Saltet, *Voordrachten over gezondheidsleer*, Haarlem, 1913, pag. 247-248.
29. *Algemeen Handelsblad*, 7 september 1884.
30. Anoniem, *Gedenkboek 1867-1917. Becht & Dyserinck, fabriek van bronswerken*, pag. 5.
31. *Bestek en voorwaarden, naar welke Burgemeester en Wethouders van Leiden zullen aanbesteden: het maken en leveren van acht kachels met pijpen, mantels en stookgereedschappen, ten behoeve der nieuwe school op de Marendorpsche-Achtergracht.* Dienst 1873.
32. M.L. Stokroos, *Gietijzer in Nederland*, Amsterdam, 1984, pag. 21.
33. Algemeen Rijksarchief Den Haag: Archief Ministerie van Binnenlandse Zaken, 2.04.01, inv., nr. 4602 (10 april 1834, nr. 134).
34. Algemeen Rijksarchief Den Haag: Archief Ministerie van Binnenlandse Zaken, 2.04.01, inv., nr. 4759 (5 november 1842, nr. 163).
35. G. Doorman, *Het Nederlandsch octrooiwezen en de techniek der 19e eeuw*, 's-Gravenhage, 1947, pag. 41-42.
36. T. M. Eliëns, *Kunst.nijverheid.kunstnijverheid*: Zutphen, 1990, pag. 199.
37. Anoniem, *Gedenkschrift bij het 100-jarig bestaan van de zaken behorende tot concern Asselbergs te Bergen op Zoom*, Bergen op Zoom, 1948.
38. *Ornament-album der ijzergieterij Arnoldus Asselbergs & Zonen*, Bergen op Zoom. Het exemplaar bevindt zich in het gemeentearchief van Bergen op Zoom.
39. *Catalogus van fournuizen, haarden en kachels van Alphonse Degon, IJzergieterij en Fabriek te Leiden*, 1887. Het exemplaar bevindt zich in de bibliotheek van het gemeentearchief van Leiden.
40. P.H. Schreuder jr, *Ons huis*, Amsterdam, 1901, pag. 47-48.
41. A. Cohen, *Handboek der openbare gezondheidsregeling en der geneeskundige politie, met het oog op de behoeften en de wetgeving van Nederland*, deel II, Groningen, 1872, pag. 226.
42. C. Lennart, *Weleer*, 's-Gravenhage, Rotterdam, 1971, pag. 46.
43. Anoniem, 'Firma Jan Jaarsma's haardenfabriek', in: *'s-Gravenhage als industriestad*, 's-Gravenhage 1913, pag. 107-114.
44. *Compleet Modelboek van Von Ræsfeld de Both & Co, IJzergieterij & Emailleerfabrieken 'Vulcaansoord'*, Terborg, ± 1900.
45. *Catalogus van onderdeelen voor kachels, haarden, fornuizen, firma G.H. van Gijn Sr.*, Amsterdam, 1924.
46. G. de Clercq, *Huisbrandstoffen*, Amsterdam, 1933, pag. 44-47.
47. Anoniem, 'Wedstrijd en tentoonstelling van verwarmings- en verlichtingstoestellen', in: *De Opmerker*, 3 juli 1886.
48. Anoniem, 'De wedstrijd van verwarmings- en verlichtingstoestellen in het Nederlandsch Handelsmuseum te Amsterdam', in: *De Opmerker*, 25 september 1886.
49. S, 'Een kachel-tentoonstelling', in: *Bouwkundig Weekblad*, 1887, pag. 251-252.
50. A.A. Fokker en J.C. de Man, *Proeve eener geneeskundige plaatsbeschrijving van de stad Middelburg*, Middelburg, 1855, pag. 73 en 81.
51. J. Ligthart, *Jeugdherinneringen*, Groningen, Den Haag, 1919, pag. 81.
52. P.H. Asman, *Proeve eener geneeskundige plaatsbeschrijving van de gemeente Leeuwarden*, Utrecht, 1870, pag. 53.
53. J.P. Hasebroek e.a., *De Nederlanden*, 's-Gravenhage, 1841, pag. 37-38 (herdruk, 1963).
54. M. Emants, *Inwijding*, Den Haag, 1901 (herdruk 1991), pag. 103.
55. J.J. Voskuil, 'Boedelbeschrijvingen als bron voor de kennis van groepsvorming en groepsgedrag', in: *Volkskundig Bulletin*, Amsterdam, 1987, pag. 30-58.

56. A.J. Schuurman, *Materiele cultuur en levensstijl*, Wageningen, 1989, pag. 72-73.

57. N. van de Wall, 'Luchtverversching', in: *De Natuur*, Leiden, 1881, pag. 11.

58. J.P. Bordes, 'Onze woningen', in: *Schat der gezondheid*, Haarlem, 1859, pag. 204-205.

59. Dr. S. Sr. C., 'Luchtverversching Tobin', in: *De Opmerker*, 1876, 6 februari.

60. Ingezonden mededeling J.A. van der Kloes, in: *De Opmerker*, 1876, 12 maart.

61. Anoniem, 'De permanente tentoonstelling', in: *Bouwkundig Weekblad*, 1890, pag. 75.

62. P. Verhave, *Onderhoud en verbetering van woonhuizen*, Amsterdam, 1917, pag. 136-141.

63. Anoniem, 'De schoorsteenkap van John', in: *De Opmerker*, 1897, pag. 315-317.

64. P. Verhave, *Onderhoud en verbetering van woonhuizen*, Amsterdam, 1917, pag. 136-141

65. Anoniem, 'Ventilatie', in: *De Opmerker*, 1902, pag. 104.

66. Anoniem, 'De permanente tentoonstelling', in: *Bouwkundig Weekblad*, 1890, pag. 75.

67. J. Olie, 'Winkelpui voor het huis op den Nieuwendijk, H 193, te Amsterdam', in: *Bouwkundige Bijdragen*, deel 15, 1867, pag. 163-166.

68. Zie advertenties in de bijbladen van *De Opmerker*, 1902.

69. H., 'Iets over luchtverversching en verlichting van woningen', in: *De Natuur* 1886, pag. 234.

70. M.J. van Lieburg, 'Martinus van Marum en de geneeskunde', in: *Een elektriserend geleerde*, Haarlem, 1987, pag. 205-209.

71. B. Donaldson & B. Nagengast, *Heat & Cold, mastering the great indoors*, Atlanta, 1994, pag. 65.

72. C.D. Elliott, *Technics and architecture*, Cambridge, London, 1992, pag. 285-290.

73. L. Dietz, *Lehrbuch der Lüftungs- und Heizungstechnik*, München / Berlin, 1920, pag. 21-25.

74. Kolman, Olde Meierink & Stenvert, *Huis Landfort Gendringen*, Utrecht, 1999, pag. 13.

75. J.G. Van Cittert-Eymers, 'Albertus van Beek 1787-1856', in: *Mededelingen der Koninklijke Nederlandse Akademie van Wetenschappen, afd. Letterkunde*, Nieuwe Reeks, deel 21, No. 5, Amsterdam, 1958, pag. 95-131.

76. 'Verslag van het verhandelde op de algemeene bijeenkomst van de leden der Maatschappij tot bevordering der bouwkunst, gehouden op vrijdag den 23 junij 1854', in: *Bouwkundige Bijdragen*, deel 9, 1856, kolommen 42-43.

77. E.H. Hartman, 'Algemeene beschouwing over de bouwkunde', in: *Bouwkundig handboekje*, Amsterdam, 1859, pag. 24-25.

78. J.H. Leliman, 'Pneumatische verwarmings- en ventilatietoestel', in: *Bouwkundige Bijdragen*, deel 13, 1863, kolommen 273-276.

79. Anoniem, 'De nieuwste verwarming, door middel van calorifères, en de ventilatie, naar eene Duitsche Brochure van Heckmann & Co te Maintz', in: *Bouwkundige Bijdragen*, deel 21, 1875, kolommen 87-102.

80. Redactionele mededeling in: *Bouwkundige Bijdragen*, deel 16, 1869, kolommen 93-94.

81. A. Druiding en J.A. van der Kloes, 'Eenige gegevens voor het ontwerpen en inrigten van gebouwen voor lager onderwijs en gymnastiek', in: *Bouwkundige Bijdragen*, deel 17, 1870, kolommen 113-157.

82. J.M. van Bemmelen, 'Uitkomsten verkregen van toestellen ter luchtverversching in de openbare scholen te Arnhem en Enschede', in: *Schoolbode*, oktober 1874, pag. 3.

83. Anonymus, 'De nieuwste verwarming, door middel van calorifères, en de ventilatie, naar eene Duitsche brochure van Heckmann & Co te Maintz', in: *Bouwkundige Bijdragen*, deel 21, 1875, kolommen 87-102.

84. S.S. Coronel, *Alois Geigel's handboek der openbare gezondheidsregeling, naar de behoeften en de wetgeving van Nederland*, 's-Gravenhage, 1877, pag. 287-290.

85. W.M. Logeman, 'Ventilatie van schoollokalen', in: *Schat der gezondheid*, Amsterdam, 1864, pag. 211-212.

86. A.N. Godefroy, 'Luchtverversching in gebouwen en woonhuizen', in: *Bouwkundige Bijdragen*, deel 11, 1860, kolommen 219-222.

87. 'Verslag der werkzaamheden van de zevende algemeene vergadering der Maatschappij tot bevordering der bouwkunst, gehouden te Amsterdam den 4 julij 1860', in: *Bouwkundige Bijdragen*, deel 12, 1862, kolommen 131-132.

88. Vriendelijke mededeling ir. T. Hermans te Nijmegen.

89. W.M. Logeman, 'Ventilatie van schoollokalen', in: *Schat der gezondheid*, Amsterdam, 1864, pag. 212-213.

90. C, 'Kamerverwarming', in: *De Volksvlijt*, 1887, pag. 6-7.

91. Redactionele mededeling in *De Opmerker*, 1870, 5 november.

92. V. E., 'Centrale verwarming', in: *Bouwkundig Weekblad*, 1902, pag. 63.

93. R, 'De oven met geperforeerde steenplaten', in: *Bouwkundig Weekblad*, 1893, pag. 187-190.

94. A.H. Bergink, *Schoolhygiëne in Nederland in de negentiende eeuw*, Veendam, 1965, pag. 31-32.

95. O.H. Dijkstra, 'Willem Martinus Logeman', in: *Haerlem. Jaarboek 1974*, Haarlem, 1975, pag. 138-159.

96. A.H. Bergink, *Schoolhygiëne in Nederland in de negentiende eeuw*, Veendam, 1965, pag. 32-35.

97. T. Boersma en T. Verstegen, *Nederland naar school*, Rotterdam, 1996, pag. 93.

98. J.J. Weve, 'Gymnasium te Nymegen', in: *Bouwkundig tijdschrift*, deel 2, 1882, Amsterdam, pag. 7.

99. B. Donaldson & B. Nagengast, *Heat & Cold, mastering the great indoors*, Atlanta, 1994, pag. 39-42.

100. H. Recknagel, *Lüftung und Heizung*, Leipzig, 1915, pag. 84.

101. A.N. Godefroy, 'De inrigting van heet-water-verwarmingstoestellen', in: *Bouwkundige Bijdragen*, deel 10, 1858, kolom 230.

102. H. Recknagel, *Lüftung und Heizung*, Leipzig, 1915, pag. 84.

103. J.A. Bierens de Haan, *De Hollandsche Maatschappij der Wetenschappen 1752-1952*, Haarlem, 1952, pag. 217.

104. G. Doorman, *Het Nederlandsch octrooiwezen en de techniek der 19e eeuw*, Delft, 1947, pag. 292.

105. Mededeling van A. van der Hoop in: *Algemeene Konst- en Letterbode, voor het jaar 1838*, deel I, Haarlem, 1838, pag. 116-118.

106. G. Doorman, *Het Nederlandsch octrooiwezen en de techniek der 19e eeuw*, Delft, 1947, pag. 291.

107. A.N. Godefroy, 'Luchtverversching in gebouwen en woonhuizen', in: *Bouwkundige Bijdragen*, deel 11, 1860, kolom 213.

108. A.N. Godefroy, 'De inrigting van heet-water-verwarmingstoestellen bijzonder met betrekking tot de heet-waterverwarming van het Augustijnerklooster te Maagdenburg', in: *Bouwkundige Bijdragen*, deel 10, 1858, kolommen 227-244.

109. C.D. Elliott, *Technics and architecture*, Cambridge, London, 1992, pag. 281-282.

110. L. Dietz, *Lehrbuch der Luftungs- und Heizungstechnik*, München / Berlin, 1920, pag. 19.

111. A.J.C. Snijders, 'De tegenwoordige methoden van verwarming', in: *De Natuur*, 1896, pag. 67-68.

112. C.S. van Geuns, 'Heet-water-verwarming met hooge drukking, (systeem Perkins)', in: *Bouwkundige Bijdragen*, deel 12, 1862, kolommen 325.

113. Anoniem, 'Verwarming met stoom, onder lage drukking, systeem Bechem en Post', in: *Bouwkundig weekblad*, 1884, pag. 146-147.

114. Anoniem, 'Over de verwarming van gebouwen door middel van warm water', in: *Bouwkundig Weekblad*, 1883, pag. 287.

115. C.A. Huygen, 'Iets nieuws op het gebied van warmwaterverwarming. Combinatie met het gewone keukenfornuis', in: *Bouwkundig weekblad*, 1886, pag. 306-307.

116. H. Gröber, *H. Rietschels Leitfaden der Heiz- und Lüftungstechnik*, Berlijn, 1930, pag. 24.
A.G. Fuchs, *Wat moeten bouwkundigen van centrale verwarming en haar veiligheidsvoorschriften weten?*, Amsterdam, 1943, pag. 32-34.

117. B.H. Thomas, *Centrale verwarming en luchtverversching*, Leiden, 1902, pag. 78.

118. Anoniem, 'Warmwaterverwarming', in: *De Opmerker*, 1903, pag. 269-270.

119. L. Dietz, *Lehrbuch der Lüftungs- und Heizungstechnik*, München/Berlin, 1920, pag. 551-552.

120. F. , 'Verwarming en ventilatie', in: *De Opmerker*, 1882, 25 november.

121. Redactionele mededeling in: *De Opmerker*, 1896, pag. 343.

122. B. Vreeken en E. Wouthuysen, *De grand hotels van Amsterdam*, 's-Gravenhage, 1987, pag. 38-39.

123. J.L. Terneden, 'Warmwater-, stoom- of luchtverwarming', in: *De Opmerker*, 19 juli 1873.

124. C.A. Huygen, 'Centrale verwarming' in: *Jaarverslag voor de Vereniging Bouwkunst & Vriendschap te Rotterdam*, 1908.

125. C., 'Kamerverwarming', in: *De Volksvlijt*, 1887, pag. 7.

126. J.T.F. Steenbergen, 'Eenige mededeelingen betreffende de gasindustrie', in: *De Volksvlijt 1887*, pag. 271-272.

127. Anoniem, 'Laatste toepassingen op het gebied der gasindustrie, zoowel wat betreft verlichting, verwarming als ventilatie', in: *De Opmerker*, 1890, pag. 306-308.

128. Anoniem, 'Rookvrije verbranding', in: *De Opmerker*, 1892, pag. 233-234.

129. Zie bijvoorbeeld advertentie in *De Opmerker*, 1869, 27 maart.

130. J.G. Jeen, *Verwarming en ventilatie*, Groningen, 1882, pag. 66.

131. J. Körting, *Aus der Geschichte der Zentralheizung bis zur Gegenwart*. Een kopie van dit artikel bevindt zich in de bibliotheek van het Museum Boerhaave te Leiden.

132. D. Hartman, 'Is het laten inschrijven van werken naar een absoluut uitgewerkt bestek wenschelijk te achten in het belang van den principaal en dat van de industrie?', in: R. Hofmann e.a., *Eerste Nederlandsche Congres voor Warmte-Techniek, prae-adviezen*, Amersfoort, 1927, pag. 71-74.

133. Advertentie in: B.H. Thomas, *Handboek Centrale verwarming en luchtverversching*, Leiden, 1902.

134. *Centrale verwarmingscatalogus L. Schütz & Zoon*, Zeist, 1899.

135. Advertenties in: B.H. Thomas, *Handboek Centrale verwarming en luchtverversching*, Leiden, 1902.

136. B.H. Thomas, *Centrale verwarming en luchtverversching*, Leiden, 1902, pag. 91-92.

137. Redactionele mededeling in: *De Opmerker 1891*, pag. 342.

138. B.H. Thomas, *Centrale verwarming en luchtverversching*, Leiden, 1902, pag. 95.

139. C.D. Elliott, *Technics and Architecture*, Cambridge, London, 1992, pag. 282.

140. F. Fisscher u.a., *Die Hochbaukonstruktionen des Handbuches der Architektur*, dritter Teil, 4. Band, Leipzig, 1908, pag. 350.

141. Advertenties komen voor in het *Bouwkundig Weekblad*, 1896.

142. *Centrale verwarmings catalogus L. Schütz & Zoon*, Zeist, 1899.

143. *De industrieele gids*, maandblad R.S. Stokvis & Zonen-Ltd, 6 december 1909.

144. A.G. Fuchs e.a., *Het verwarmingsboek*, 's-Gravenhage/Leiden, 1963, pag. 56.

145. J.J. Pennink, *Gezondheidsleer voor het volk*, Amsterdam, 1828, pag. 164.

146. F. Nagtglas, *Wat het was en wat het werd*, Utrecht, 1894, pag. 18-19.

147. C.H. Delaunay, *Allereerste gronden der practische en theoretische mechanica*, tweede afdeling, Leiden, 1866, pag. 248.

148. R.J. Forbes, *Vijftig eeuwen olie*, Zeist/Antwerpen, 1963, pag. 102-115.

149. Het onderdeel over lampen is grotendeels gebaseerd, tenzij anders aangegeven, op: H.W.M. Plettenburg, *Licht in huis*, Arnhem, 1968, pag. 33-65.

150. J. Bosscha, *Het boek der uitvindingen, ambachten en fabrieken*, deel 6, Leiden, z.j., pag. 220 en 223.

151. R.J. Forbes, *Vijftig eeuwen olie*, Zeist/Antwerpen, 1963, pag. 90-94.

152. F. Knapp, 'Over de verlichting en de stoffen, die daarvoor gebezigd worden', in: *Tijdschrift ter bevordering van nijverheid*, deel 9,1845, pag. 691.

153. F. Knapp, 'Over de verlichting en de stoffen, die daarvoor gebezig worden', in: *Tijdschrift ter bevordering van nijverheid*, deel 9, 1845, pag. 710.

154. Anoniem, 'Lichtgevende stoffen', in: *Kennis en Kunst*, 1869, pag. 385-386.

155. *Prijs-courant van P de Nobel & Co*, Haarlem, z.j.

156. Anoniem, 'De meest doeltreffende inrigting der petroleumlampen', in: *De Volksvlijt*, 1875, pag. 31.

157. W.P.L. Burger e.a., *Practische warenkennis*, deel 2: Amsterdam, 1941, pag. 178-180.

158. J. Royaards-Sandburg, *Herinneringen*, Baarn, 1979, pag. 124.

159. H.H. Hageman e.a., *Nederlanders door Nederlanders geschetst*, Amsterdam, 1842, pag. 77.

160. J. Mac Lean, *Geschiedenis der gasverlichting in Nederland 1809-1850*, Zutphen, 1977, pag. 7.

161. K. Blokhuis, *Leerboek van het gasfitten*, Gorinchem, 1925, pag. 74-76.

162. J. Mac Lean, *Geschiedenis der gasverlichting in Nederland 1809-1850*, Zutphen, 1977, pag. 8-11.

163. P.H. Witkamp, *Amsterdam in schetsen*, Amsterdam, 1862, pag. 67.

164. J.C. Baron du Tour, *Werktuig om steden en groote gebouwen te verlichten, door middel van vlam vatbaar gaz uit steenkolen*, Amsterdam en Den Haag, 1817, pag. 18-21.

165. J. Mac Lean, *Geschiedenis der gasverlichting in Nederland 1809-1850*, Zutphen, 1977, pag. 44-45.

166. K. Blokhuis, *Leerboek van het gasfitten*, Gorinchem, 1925, pag. 76-79.

167. J.H. Waszink, *Gasproductie en gasdistributie*, Zeist, 1996, pag. 9-10.

168. P. van der Burg, *Eerste grondbeginselen der natuurkunde*, eerste deel, Amsterdam, 1864, pag. 67-68.

169. J.H. Waszink, *Gasproductie en gasdistributie*, Zeist, 1996, pag. 6 en 49.

170. W. Rooseboom, *De gasverlichting en bereiding van lichtgas*, Utrecht, 1863, pag. 134-143.

171. A.J.C. Snijders, 'De nieuwere gasbranders en de toekomst der gasverlichting', in: *De Natuur*, 1891, pag. 197-199 en 202.

172. J.T.F. Steenbergen, 'Een kijkje op de tentoonstelling van gastoestellen voor verwarming en drijfkracht te Dordrecht. september 1886', in: *De Volksvlijt*, 1886, pag. 283-285.

173. J.E. Enklaar, 'Het gasgloeilicht Auer', in: *De Natuur*, 1993, pag. 343-347 en 365-368.

174. D.Tinbergen, *Handboek voor gasfitters*, deel II, Haarlem, 1947, pag. 15-19.

175. Anoniem, 'De Eerste Nederlandsche Thorium- en Gasgloeilichtfabriek te Amsterdam', in: *Het Leven*, jaargang 1907, pag. 1436-1437.

176. Enquête-commissie, *Een zegtigtal Rapporten over Huisindustrie in Nederland*, 1909, pag. 47.

177. G. Dil en E. Homburg, 'Gas', in: *Geschiedenis van de techniek in Nederland*, deel III, Zutphen, 1993, pag. 132.

178. A.C. Spruyt, *Aanwijzingen der voordeelen, gemakken enz. van het gebruik van gas*, Utrecht, 1866, pag. 44-50.

179. 'Verslag der werkzaamheden van de zevende algemeene vergadering der Maatschappij tot bevordering der bouwkunst, gehouden te Amsterdam den 4 julij 1860', in: *Bouwkundige Bijdragen*, deel 12, 1862, kolommen 127-129.

180. J.A. Van Eijk, 'Gaslicht met luchtverversching', in: *De Volksvlijt*, 1860, pag. 245.

181. 'Verslag van de vergadering op 17 januari 1877 van de Maatschappij tot bevordering der bouwkunst, afd. Den Haag', in: *De Opmerker*, 28 januari, 1877.

182. L.C. Levoir, 'Over eenige verschijnselen, die aan de gasvlammen worden waargenomen', in: *De Natuur*, 1861, pag. 65-72.

183. A.A. Fokker en J.C. de Man, *Proeve eener geneeskundige plaatsbeschrijving van de stad Middelburg*, Middelburg 1855, pag. 30.

184. A.C. Spruyt, *Aanwijzingen der voordelen, gemakken enz. van het gebruik van gas*, Utrecht, 1866, pag. 60.

185. J.A. Van Eijk, 'Gaslicht met luchtverversching', in: *De Volksvlijt*, 1860, pag. 243 247.

186. W. Slagter, *Electriciteit in huis en bedrijf*, Amsterdam, z.j. (1920), pag. 22.

187. Anoniem, *Van vleermuis tot tl-buis*, Schiedam, 1957, pag. 15.

188. A.C. Spruyt, *Aanwijzingen der voordeelen, gemakken enz. van het gebruik van gas*, Utrecht, 1866, pag. 6.

189. M. Bosch en C.J.W. v.d. Ploeg -Deggeler, *Onderhoud van huis en huisraad*, Almelo, 1905, pag. 76.

190. R. Ortigão, *Holland 1883*, Utrecht, 1964, pag. 111.

191. *Vakblad voor de bouw-ambachten*, Doetichem, 1907, pag. 15.

192. Vereeniging van gasfabrikanten, *Handboek ten dienste van gasfitters*, Haarlem, 1908, pag. 345-346.

193. A. van Hennekeler, 'Een nieuwe zelfwerkende gasvlamontsteker', in: *De Natuur*, 1897, pag. 313-316.

194. De catalogus berust in de Universiteits Bibliotheek van de Universiteit van Amsterdam en vormde ooit onderdeel van de bibliotheek van de dienst Dienst der Publieke Werken van de gemeente Amsterdam.

195. M.L. Stokroos, *Gietijzer in Nederland*, Amsterdam, 1984, pag. 22.

196. *Geïllustreerde prijscourant. Verlichtings- en Verwarmingsartikelen voor gas en petroleum*. Uitgave Bresser & Wolzak. Twee exemplaren bevinden zich in de collectie van het bedrijfsmuseum van NUON te Amsterdam.

197. Anoniem, *Van vleermuis tot tl-buis*, Schiedam, 1957, pag. 15-21.

198. Anoniem, 'Iets nieuws op verlichtingsgebied', in: *Het Leven*, 1913, pag. 1277.

199. J.Bleuland van Oordt, *Acetyleen-verlichting*, Den Haag, z.j. pag. 7, 8 en 39.

200. Anoniem, 'Gas aan huis', in: *Eigen Haard*, 1886, pag. 492.

201. Anoniem, 'Verlichting van landhuizen', in: *De Opmerker*, 1906, pag. 243-244.

202. Anoniem, 'Luchtgas', in: *Bouwkundig Weekblad*, 1901, pag. 417.

203. Anoniem, 'Iets nieuws op verlichtingsgebied', in: *Het Leven*, 1913, pag. 1277-1278.

204. A.N. Hesselmans, 'Elektriciteit', in: *Geschiedenis van de techniek in Nederland*, deel III, Zutphen, 1993, pag. 135-162.

205. P. van Cappelle, *De electriciteit*, Leiden, 1893, pag. 21-50.

206. P.Dunsheath, *A history of electrical engineering*, London, 1969, pag. 112-113.

207. J. van Noort, *Licht op het GEB*, Rotterdam 1993, pag. 47-63.

208. Anoniem, *Amsterdam in stukken en brokken*, Amsterdam, 1891, (herdruk 1969) pag. 21.

209. H.O., 'Gas- en electrische verlichting', in: *De Opmerker*, 1883, pag. 323.

210. P. van Cappelle, *De electriciteit*, Leiden, 1893, pag. 183-184.

211. L. Bleekrode, 'De verbeteringen van het electrisch booglicht', in: *De Natuur*, 1903, pag. 23.

212. Voor een uitgebreid overzicht van de diverse technieken op dit gebied wordt verwezen naar: R. van der Meulen, *Het electrisch licht met de bijbehoorende lampen, kool en ornamenten*. Amsterdam, z.j. en G.J. Harterink en V. van der Steen, *Electrische booglampen*, Amsterdam, 1920.

213. H.O., 'Gas- en electrische verlichting', in: *De Opmerker*, 1883, pag. 323-325.

214. AEG-TELEFUNKEN, *ontladingen*/ 2-79, pag. 21-23.

215. L. Bleekrode, 'De verbeteringen van het elektrisch booglicht', in: *De Natuur*, 1903, pag. 24.

216. L. Bleekrode, 'De verbeteringen van het elektrisch booglicht', in: *De Natuur*, 1903, pag. 40-43.

217. P. van Cappelle, *De electriciteit*, Leiden, 1893, pag. 210-213.

218. 'Verslag 38ste algemene vergadering van de Maatschappij tot bevordering der bouwkunst 1879', in, *Bouwkundige Bijdragen*, deel 25, 1879, kolom 60-65.

219. H., 'Het elektrisch licht volgens het stelsel van Edison', in: *De Natuur*, 1882, pag. 48-52.

220. H. van Bruggen, ''Gloeilamp', in: *Geschiedenis van de techniek in Nederland*, deel III, Zutphen, 1993 pag. 163-171.

221. Anoniem, *De Philips Gloeilampenfabriek Anno 1891*, Eindhoven, 1992, pag. 11-20.

222. E. Welter, *Het nieuwe handboek der electriciteit*, Amsterdam, 1931, pag. 423-427.

223. P. van Cappelle, *De electriciteit*, Leiden, 1893, pag. 36-37.

224. H.A. Bunnik, *Aanleg,gebruik en onderhoud van electrische schellen, huistelephonen en draagbare lampjes*, Amsterdam, z.j., pag. 22-24.

225. P. van Cappelle, *De electriciteit*, Leiden, 1903, pag. 140-141.

226. A. ten Bosch N.Jzn., *De electrotechnische school*, Amsterdam, 1901, pag. 260.

227. F.C. Du Four, 'Electrische installaties in huizen', in: *Bouwkundig Weekblad*, 1894, pag. 276-280.
F.A. Toors, 'De ontwikkeling van de electrische huisinstallaties gedurende de laatste 40 jaar'. in: *De ontwikkeling onzer electriciteitsvoorziening 1880-1938*, Arnhem, 1948, pag. 798-801.
P. van Cappelle, *De electriciteit*, Leiden, 1893, pag. 261-262.

228. C.D. Nagtglas Versteeg, 'Centraalstations voor electrische stroomlevering in kleinere gemeente', in: *Bouwkundig Weekblad*, 1901, pag. 475-476.

229. C.W. Nijhoff, 'Opening van het Victoria-hotel te Amsterdam', in: *De Opmerker*, 1890, pag. 282.

230. P. van Cappelle, *De electriciteit*, Leiden, 1893, pag. 768-771.

231. E.K.L.A. Beyen, *De electriciteit in onze woningen*, Amsterdam, 1917, pag. 33.

232. G. Boldingh Jzn, *Electrische verlichting der woning*, Amsterdam, 1919, pag. 111.

233. E.K.L.A. Beyen, *De electriciteit in onze woningen*, Amsterdam, 1917, pag. 34.

234. Anoniem, 'Het nieuwe restaurant in het Kurhaus te Scheveningen', in: *De Opmerker*, 1902, pag. 196.

235. J. van der Graaf, W. Timp, 'Felix Meritis', in: *Werk in uitvoering*, jaargang 39, oktober 1989, pag. 74-78.

236. E. Geytenbeek, *Oranjerieën in Nederland*, Alphen aan den Rijn, 1991, pag. 75-84.

237. G. Moll, *Over het verwarmen van Stookkassen met heet water*, Amsterdam, 1829, pag. 35-51 en 55-56.

238. L.H. Eberson, 'Oranjerie', in: *Bouwkundige Bijdragen*, deel 17, 1870, kolommen 268-268.

239. J.M.W. Van Voorst tot Voorst, 'De kunstzaal in Paleis Het Loo', in: *Antiek*, Lochem, 1980, pag. 17.

240. A. van Beek, *Beschrijving van eenen toestel ter verwarming van een uitgestrekt gebouw*, Amsterdam, 1833, pag. 3-10 en 19-20.

241. J.G. Van Cittert-Eymers, 'Albertus van Beek 1787-1856', in:

Mededelingen der Koninklijke Nederlandse Akademie van Wetenschappen, afd. Letterkunde, Nieuwe Reeks, deel 21, No. 5, Amsterdam, 1958, pag. 95-131.

242. R. Stenvert, 'Bouwgeschiedenis, het Huis en andere opstallen', in: W. Reinink, *Landgoed Linschoten,* Bussum, 1994, pag. 278-287.

243. De heer H.Alta, beheerder van het landgoed Linschoten was zo vriendelijk mij het gebouw rond te leiden.

244. H.W. van der Hoeven, *Het huys Amstel 51,* Amsterdam, 1978, pag. 44-55.

245. H. Recknagel, *Lüftung und Heizung,* Leipzig, 1915, pag. 1.

246. J.F.L. De Balbian Verster, 'Die Port van Cleve Amsterdam', in: *Neerlands Welvaart,* aflevering 68-69, Amsterdam, 1920, pag. 21- 38.

247. M. van Lissa, 'Magneto-electrische verlichting', in: *De Volksvlijt,* 1877, pag. 204-208.

248. G. Werkman, *Kras=100/100=Kras,* Amsterdam, 1966, pag. 84-90. M. de Roever, 'De elektriciteitscentrale van Krasnapolsky', in: *Maandblad Amstelodamum 83,* 1996, pag. 154-157.
    H. Raaten, 'De elektrische verlichting in het café Krasnapolsky', in: *De Natuur,* 1886, pag. 15-18.

249. J.A. van der Kloes, 'De gemeentewerken van Dordrecht, deel II het ziekenhuis', in: *Bouwkundige Bijdragen,* deel 24, 1878, kolommen 223 -230.

250. Redactionele mededeling in: *De Opmerker,* 17 mei 1879.

251. M.L. Stokroos, 'Een ander licht op een oud huis', in: *Monumenten,* nr. 10/11, Cuyck, 1996, pag. 22-25.

252. C.A. Huijgen, 'Verwarming en luchtverversching van het concertgebouw te Amsterdam', in: *Bouwkundig Weekblad,* 1886, pag. 132-134.

253. Anoniem, 'Het nieuwe concertgebouw te Amsterdam', in: *Eigen Haard,* 1886, pag. 643.

254. W. Springer, 'De verbouwing van den Stadsschouwburg op het Leidscheplein te Amsterdam', in: *Bouwkundige Bijdragen,* deel 22, 1876, kolommen 127-136.

255. Anoniem, 'De stadsschouwburg te Amsterdam', in: *De Opmerker,* 1894, pag. 281-284.
    'Algemene vergadering van de Maatschappij tot bevordering der bouwkunst', in: *De Opmerker,* 1893, pag. 175-178.

256. De heer Otto Brix van het Teylers Museum was zo vriendelijk mij het gebouw rond te leiden.

257. J.H. van Borssum Buisman e.a., *'Teyler' 1778-1978,* Haarlem/Antwerpen, 1978, pag. 254, 292-293, 314-315.

258. V. E., 'Centrale verwarming', in: *Bouwkundig Weekblad,* 1902, pag. 63-64.

Illustratieverantwoording

Nederlands Openluchtmuseum te Arnhem 8,13 lb lo
Gemeentearchief Arnhem 14 lo
Bureau Monumentenzorg te Amsterdam, Han van
    Gool 15 rb, 20 lb, 33 ro, 58 lo, 112, 113 rb, 121, 128,
    129 ro lo, 131
Spaarnestad Fotoarchief te Haarlem 16 lo, 27 rb, 31 lb,
    32, 72, 82
Han de Vries te Nieuwediep 18, 19, 22, 23
Bureau Monumentenzorg te Den Haag 21 rb
Rijksarchief te Den Haag 25 lb
Gemeentearchief Bergen op Zoom 25 rb ro lo
Gemeentearchief Leiden 26 lb lo
Gemeentearchief Amsterdam 31 ro,120 lb, 122, 129 rb,
    113 lo
Bureau voor Bouwhistorie en Architectuurgeschiede-
    nis te Utrecht 39 lo, 40 ro
Universiteitsmuseum te Utrecht 39 lb
Gemeentearchief Haarlem 45 lb, 70, 78

Rijksdienst voor de Monumentenzorg te Zeist 56 b
Mariette Carstens te Amsterdam 60
Teylers Museum te Haarlem 62, 100 o
Stichting Energetica te Amsterdam 64 ro
Museum de Lakenhal te Leiden 65, 66 lb, 67 rb, 68 lb,
    69 rb
Stichting Atlas van Stolk te Rotterdam 10 lo, 66 lo ro,
    69 ro, 85 rb
Gemeentearchief Maastricht 73
Universiteitsbibliotheek te Amsterdam 86, 87 rb
NUON bedrijfsmuseum te Amsterdam 88, 89, 90, 91,
    92 b, 109
Universiteitsbiblitheek te Wageningen 114, 115
Gemeentearchief Dordrecht 127
Dordrechts Museum te Dordrecht frontispice

De overige afbeeldingen komen uit de collectie van de
auteur